陪孩子走过小学六年

刘宝江／编著

图书在版编目（CIP）数据

陪孩子走过小学六年 / 刘宝江编著 . -- 长春 : 吉林文史出版社 , 2023.5

ISBN 978-7-5472-9156-6

Ⅰ . ①陪… Ⅱ . ①刘… Ⅲ . ①小学生—家庭教育 Ⅳ . ① G782

中国版本图书馆 CIP 数据核字 (2022) 第 196629 号

陪孩子走过小学六年

PEI HAIZI ZOU GUO XIAOXUE LIU NIAN

编　　著　刘宝江
出 版 人　张　强
责任编辑　王　辰
封面设计　郑金霞
出版发行　吉林文史出版社
地　　址　长春市净月区福祉大路 5788 号出版大厦
印　　刷　天津海德伟业印务有限公司
开　　本　640mm × 910mm　　1/16
印　　张　12
字　　数　128 千
版　　次　2023 年 5 月第 1 版
印　　次　2023 年 5 月第 1 次印刷
书　　号　ISBN 978-7-5472-9156-6
定　　价　69.00 元

前言

PREFACE

小学的6年是孩子人生中最重要的阶段之一，从小学起，他们开始接受义务教育，系统地接受书本知识，塑造自己的性格和品质。小学这6年的时间对于父母来说同样重要。父母都希望自己的孩子能够拥有完美的人格和卓越的成就，而小学这6年正是培养孩子的黄金时期。

在小学这6年里，父母不仅要培养孩子好的学习习惯、好的性格特征、优秀的思想品德，还要让他们爱上运动，练就健康的体魄。只有这样把基础打好了，未来才会走得更好。

如何教育和引导孩子是一件看似简单却很艰巨的任务，父母需要用心观察孩子，及时发现孩子在学习中、生活中及心理上的问题，循循善诱，协商解决。父母不能急功近利，要用教育学的眼光和阳光、开放的心态看待孩子，多一些爱心与耐心，等待孩子慢慢成长，用心陪伴孩子，培养孩子积极、健康、快乐、向上的生活态度，使孩子健康幸福地成长，并在人生的道路上取得成功。

本书对小学各年级的特点进行了剖析，能帮助父母们掌握不同年级孩子需要注意的主要问题，同时分别从性格、品德、为人处世、运动、生活细节等方面入手，帮助父母们完善自己的育儿知识和教育方式，以为孩子提供一个适宜的成长环境，帮助孩子成为一名优秀的小学生。

目录

CONTENTS

第一章

小学六年，是孩子华丽蜕变的六年

小学的6年时光，是孩子一生中非常关键的时期，在这6年间，孩子将发生翻天覆地的变化。家长会发现，经过小学这6年的时光，孩子会从一个刚刚步入校园的稚嫩学童蜕变成一个意气风发、朝气蓬勃的少年。小学的6年，让家长感受孩子成长的每一步，感慨发生在他们身上的华丽蜕变。

从懵懂孩童成长为阳光少年

很多孩子刚上小学的时候，不适应新环境，感到很苦恼，这时父母就需要帮助孩子慢慢地克服困难，逐渐适应学校的生活。

小学是孩子起跑的关键一步，孩子将在小学开启学习之旅。小学是孩子可塑性最强的阶段，孩子在这个时期形成的习惯、性格很有可能会伴随他的一生，所以父母在这一阶段一定要用心陪伴孩子，给予孩子足够的耐心和爱心，及时纠正孩子出现的一些不良习惯，正面引导孩子走好小学 6 年的每一步，让孩子成长为一个健康、阳光的少年。

小青是一个二年级的小学生，活泼好动，但他的成绩一直不太理想。小青的班主任告诉小青的妈妈："小青是个非常聪明的孩子，但他上课总是坐不住，经常会做一些小动作，或是东张西望，就是不好好听课，老师要提醒他很多次，他才能安静下来，认真听一会儿。他听课时只有'三分钟的热度'，过不了多久就又开始动了。"

妈妈刚开始觉得孩子还小，等大一点儿了就好了。但当老师告诉她孩子的这种情况已经很频繁的时候，妈妈开始重视起来，她下定决心要改变小青的现状。

通过与小青谈心，妈妈知道小青对老师有些惧怕，上课时只能通过小动作来排解自己的压力。所以妈妈首先努力消除小青对老师错误的感觉，塑造老师的美好形象。只要有机会妈妈就给小青讲老师的优点，还让小青说说他发现老师有什么优点，让孩子喜欢上老师。然后妈妈着力培养小青的专注力。她每天陪小青玩拼图、下棋，还和他玩命令类的游戏，因为这些游戏都需要一定的注意力和控制力。小青每天和妈妈玩得非常开心。

渐渐地，小青的专注力越来越强，上课也认真听讲了，状态变得越来越好，期末考试时他进步了好几名。

小青因为对老师有抵触情绪，所以上课注意力不集中，自控力比较差，进而导致他无法跟上老师讲课的节奏，无法吸收老师在课堂上所讲的知识，因此他的成绩一直不理想。相信很多孩子也面临这样的情况。有的妈妈得知自己的孩子上课不认真听讲便打骂孩子。但小青的妈妈是个智慧的妈妈，她在发现问题以后冷静分析，然后再想办法解决。

孩子在成长过程中不可能不犯错，父母要正确看待。父母要明白，孩子上课注意力不集中肯定是有原因的。就像上面案例中的小青，他对自己的老师产生畏惧感，导致缺乏听课的热情，所以妈妈就努力描述老师美好的形象，让小青喜欢上老师，同时通过游戏训练孩子的专注力，如此，小青上课时终于能集中注意力，跟着老师的节奏走，好好听课了。

冬冬今年升入六年级了，他是一个优秀的孩子，同学们都喜欢和他一起玩。

冬冬的爱好十分广泛，如画画、跑步、踢足球，他经常和同学们一起去操场上踢足球。现在冬冬已经六年级了，马上面临着升初中。妈妈看到冬冬还是经常去踢球，就有些担心地对冬冬说：“冬冬，现在你已经六年级了，学习任务越来越重，踢足球会不会影响到你的学习啊？妈妈建议你暂时别去踢球了。”

冬冬说：“妈妈，我会合理安排好自己学习和踢足球的时间，你放心吧，不会影响到我的学习。况且您一向是支持我，并让我全面发展的，对不对？”

妈妈说：“好，妈妈支持你，妈妈相信你的能力。”

冬冬的妈妈没有强迫冬冬立即停止踢足球，而是尊重冬冬，和孩子平等交流，妈妈相信冬冬能做好，冬冬也试着将自己的学习和生活安排得井井有条。这对母子的沟通方式值得我们学习。

在小学 6 年中，父母要有针对性地提高孩子的学习能力与运动能力，也要重视孩子在成长过程中出现的各种问题，通过一些方法和技巧帮助孩子矫正不良学习习惯，从而形成良性循环，这样就会使懵懂的孩童逐渐成长为阳光少年。

一年级，从幼儿园到小学的过渡

一年级是孩子从幼儿园步入小学的过渡阶段，需要父母用心陪孩子走过。

孩子进入小学一年级后，便开启了他们接受教育的第一个衔接期。相对于幼儿园，孩子学习的环境、朝夕相处的小朋友，以及教他们的老师，都发生了变化，一切都是陌生的。进入这样陌生的环境中，孩子的心态也会随之产生较大的波动。

今年9月份晶晶顺利进入小学一年级。开学第一天，晶晶背着妈妈给她买的漂亮小书包去了学校。到了教室里，晶晶发现有很多同学她都不认识，老师也不是幼儿园的老师了。上课时老师让大家坐在座位上，不许小朋友们随便走动，不许喝水，也不能随便和小朋友说话聊天。晶晶觉得上一年级一点儿都不好，不仅规矩比幼儿园多，而且一年级的老师有点儿凶巴巴的。晶晶心里有点儿害怕，她不想上一年级，想让妈妈快点儿来接她回家，她还想回幼儿园上学。时间慢慢地过着，到了中午，终于放学了。晶晶在回家的路上告诉妈妈："我不想上一年级，老师上课不让我们说话，不让我们喝水，不让我们走动，太不自由了，我好害怕。妈妈，我想回我的幼儿园，我不想上小学。"

妈妈温和地对晶晶说：“晶晶已经长大了，上小学才是晶晶现在该做的事情。幼儿园里都是一些小弟弟和小妹妹，而且你以前幼儿园的小朋友也都去新学校上小学了，他们也都升入了一年级。晶晶现在已经懂事了，上课时要认真听老师讲课，不能随便走动，也不能和同学说话。老师规定的那些纪律是为了让同学们能好好学习，认真听讲的。你刚刚升入一年级，刚开始接触新老师和新同学，等你们在学校相处几天后，你就会发现新同学也很好，老师也很关心你。妈妈相信你在学校一定会有好朋友并且可以一起快乐地玩，晶晶长得这么可爱，老师也一定会非常喜欢你的。”

晶晶听了妈妈的话，虽然似懂非懂的，但她好像不那么害怕了。

妈妈还鼓励晶晶先和自己的同桌在下课的时候聊聊天，一起玩，做好朋友。晶晶下午去了学校，鼓起勇气和她的同桌说：“我们以后天天在一起学习，下课一起出去玩，我们成为好朋友吧！”她的同桌也很高兴，和晶晶一起玩了起来。就这样，晶晶有了一个好朋友，她也不那么害怕了，一下午很快就过去了。

晚上，在放学回家的路上，晶晶给妈妈讲了她下午的学校生活，妈妈很高兴，为晶晶的勇敢点赞。

孩子刚刚进入小学一年级，如果不能尽快适应学校的环境，就会一直处在紧张和不安的状态中，这对孩子的学习和成长会造成不良影响。作为一年级孩子的父母，可以有意识地帮助孩子适应小学生活，帮助他们排除烦恼。以下几点建议供父母们参考：

1. 培养孩子的人际交往能力

对于一年级的孩子来说，认识新同学、交几个好朋友是非常重要的。父母们可以像上面的那位妈妈学习，引导孩子不要害怕、不要害羞，和新同学主动说说话聊聊天，一起玩，成为好朋友。这样孩子就不会害怕去上学了，因为在学校有好朋友和他一起玩，他能感受到在校园里也很快乐。孩子如果不懂得如何与新同学交往，就不能融入集体，也不能和同学友好地相处，就会感觉自己被同学们排斥，这样下去，孩子的性格就会变得孤僻，不利于孩子的学习，更不利于孩子的身心健康。所以，培养孩子的初步人际交往非常重要。

2. 培养孩子良好的学习习惯

孩子在幼儿园时以游戏为主，老师对他们的学习习惯要求也不那么严格，但上了一年级后，老师的要求开始变得严格了。父母要告诉孩子先学习后玩的规则，教孩子自觉收拾自己的文具和书本，上课集中注意力听课，等等。如果不能培养良好的学习习惯，孩子就不能很好地适应小学生活，以后也会出现越来越多的问题。

3. 培养孩子生活的独立性

孩子在幼儿园时，老师时刻关心着他们的安全，对他们的照顾比较周到，所以孩子对老师的依赖性也比较大。到了小学，老师会把主要精力集中在教学上，而对孩子的生活关心会相对少一些，因此孩子刚开始不适应，心理也会有一些落差。作为父母，在平时的日常生活中就要教会孩子独立完成自己的事情，如整理书包、自己穿衣服、自己系鞋带，遇到问题自己解决，培养孩子的自理能力。

总之，孩子从幼儿园步入小学这个阶段需要父母付出极大的耐心和爱心，父母要认真对待孩子出现的每一个问题，并加以正确的引导和纠正，从而帮助孩子健康快乐地成长。

二年级，要认真考虑学习的问题了

经过一年级的学习与生活，孩子已经适应了小学的新环境，随即升入二年级。这时候的孩子已经习惯了这种集体生活，同时也恢复了他们自身的发展特点，那就是更加活跃，更加贪玩，而且他们不擅长掩饰自己的情绪。

平平是个活泼好动的小男孩，十分惹人喜爱。他喜欢画画，经常画一些画给同学们欣赏。

有一次，平平在上数学课时看到书上的小兔子很可爱，就趁老师不注意画了起来。他悄悄地画好一只可爱的小兔子，并偷偷地将画儿拿给同桌看，可同桌只看了一眼。平平见同桌这样的态度，就拽了拽同桌的衣角，问："难道我画得不好看吗？"平平非常想得到同桌的赞扬。这时他们的举动引起了老师的注意。老师叫平平站起来回答问题，平平刚才没有听课，怎么能回答出来呢？老师教导他："平平，你上课不听讲，和同桌说话，老师讲的知识你是不是都会了？"平平知道自己错了，便低下了头。老师接着又说："你已经上二年级了，应该知道上课该干什么不该干什么。"平平向老师承认了错误："老师，我知道错了，上课应该好好听讲，认真学习。"

二年级的孩子虽然有一定的自主能力，但自觉学习的主动性还远远不够，所以上例中平平出现那种情况是可以理解的。因此，父母不要操之过急，更不要打骂孩子，伤害孩子的自尊心。父母可以通过正面引导，让孩子理解为什么要学习，从而爱上学习。

二年级的孩子，主要是培养他们的学习习惯和方法，而不是学习本身。父母要有的放矢，让孩子爱上学习，拥有学习能力。

丽丽是个可爱活泼的孩子，自从上了一年级，写作业时就一直让妈妈陪着她，现在已经二年级了，丽丽依然要妈妈陪着她写作业。每次她都要妈妈先给她读一遍题，然后解释题目的要求，而丽丽则边听边在旁边转笔，或抠橡皮，或拿点零食吃。丽丽每天都这样，依靠妈妈帮她理解题意，甚至还要妈妈讲解具体的答案。丽丽的作业写完后妈妈还要帮她检查一遍，如果有错字或错题，妈妈就把正确的答案写在纸上让她照着抄上去。

期中考试如期而至，老师将卷子发下来，并不像一年级那样读一道题同学们做一道题，而是先把整张卷子读一遍，同学们认真听，不许写，老师读完后同学们再开始写。丽丽在老师读题时注意力不集中，老师让做题时，她开始有些紧张起来。因为不是老师读一道她做一道，妈妈也不在身边，万一遇到不会的怎么办？紧张的情绪一直伴随着丽丽，前面简单的计算题做完后，丽丽开始做后面的应用题，但她有不认识的字，也有些理解不了题的意思，因此找不到解题思路，就这样，到考试结束时丽丽也没把试卷上的题做完。

丽丽的妈妈每天全程帮助她学习，看似是很负责任的家长，其实对孩子学习习惯的养成非常不利。父母这样做会使孩子产生惰性，不去思考，在学习上一直依赖父母。而且，在上课的过程中，孩子也容易注意力不集中，无法形成独立思考，这样，孩子的自主学习能力也就无法被激发出来。所以，作为二年级孩子的父母，不能单一地关注孩子的学习成绩，更应该关注孩子学习习惯的养成，当孩子学习注意力不集中或者贪玩时要给予及时的纠正，但必须把握好尺度。

三年级，发现自己真的很棒

当孩子升入小学三年级后，他们开始有了自己的想法，不像原来那样对父母的话言听计从，甚至变得有攻击性。在遇到这类问题时，父母要注意与孩子沟通时的语言，要多表扬、少批评，尊重孩子，并帮孩子建立自信。

小佳 9 岁了，性格活泼开朗，是个既聪明又漂亮的小姑娘。

今年，她升入了三年级，开始学英语了。因为一、二年级她没有接触过英语，因此对英语一点儿兴趣都没有。在课堂上，英语老师带着同学们读单词，小佳跟着读了两遍后就不耐烦了。老师一遍又一遍地领读，同学们一遍又一遍地跟读，小佳却觉得没必要跟着

读那么多遍，多浪费力气！于是小佳就光张嘴不发声。小佳为自己竟然能想到这么好的方法而暗自高兴，觉得自己真是太聪明了。几天之后，老师让同学们读单词，小佳被老师叫起来领读，小佳读了几个就卡住了。小佳竟然怎么也想不起来那个单词怎么读了，顿时羞红了脸。老师让小佳坐下，好好听其他同学读。几个同学读完后，老师要听写这些单词，小佳的英语单词只写对了几个。于是英语老师觉得有必要把小佳的学习情况告诉她的妈妈。

放学回家后，小佳妈妈问："小佳，你最近的学习怎么样？有需要妈妈帮忙的地方吗？"妈妈温和地看着小佳。

小佳便把自己今天在英语课上的情况讲给妈妈听。妈妈听得很认真，听完后说："孩子，出现问题不可怕，我们一起来分析，看看问题究竟出在哪儿。第一个问题，为什么你会出现不会读单词的情况？"

小佳本以为妈妈会骂她，结果妈妈却是心平气和地与她说话，还帮她分析问题。小佳便反思起来，随后告诉妈妈：“上课老师领读英语单词时，我读了两遍觉得我已经会了，之后就不好好跟读了。结果课上会了，但是回家后就忘了，不会读了。”

妈妈说：“上课没好好跟老师读单词，老师讲的内容你没有完全吸收，最后导致有的单词不会读，所以以后上课的时候应该认真听、认真学，一定要提高学习效率。”

妈妈停了停又接着说：“第二个问题是单词不会背写。单词可以根据发音规律去读、去记忆，妈妈觉得这样比重复抄写单词效率会高很多，你觉得呢？”

小佳点点头，觉得妈妈说得对，于是小佳在妈妈的正确引导下逐渐进入状态。小佳的第一次英语月考考了85分，不是太理想，但妈妈依然鼓励小佳。妈妈在平时会给小佳放一些英语歌曲，有时还会将日常生活中常见的东西指出来教她英语单词和短语，培养小佳的学习兴趣。慢慢地，小佳对英语越来越感兴趣了。

期中英语考试时小佳取得了98分的好成绩，看着自己的试卷，小佳非常高兴。妈妈看着女儿开心的样子，觉得她越来越自信了，夸奖她：“宝贝，你真棒！”

小佳的妈妈在得知孩子学习情况不是很理想的消息后，并没有训斥或打骂小佳，而是在尊重她的前提下和她交流，很好地引导小佳将自己遇到的困惑说出来，然后帮助她分析出现这些问题的原因，并且给出了很好的解决方法。由于妈妈的心态好，遇到事情不焦躁，所以孩子很容易接受妈妈的建议。

小学三年级，正是建立孩子学习信心的关键时刻，孩子会说英语了，会查字典了，会认的字更多了，都是孩子的进步。如果父母能帮助孩子树立学习的信心，孩子取得理想的成绩也就再正常不过了。

四年级，一定要让孩子跟上老师的节奏

从孩子上学的第一天起，相信很多父母就对孩子说："在学校要听老师的话，上课一定要认真听讲……"其实这句话的潜台词就是告诉孩子，上课的时候要跟上老师的节奏，不要沉浸在自己的世界中，想干什么就干什么。

孩子到了四年级的时候，所学的知识逐渐加深，抽象化的知识逐渐增多，知识点间的联系越来越紧密，有时候一个知识点学不好会直接影响到下一个知识点的学习，所以四年级的孩子是否能够跟上老师上课的节奏便显得非常重要。而在实际生活中，有很多因素都会影响孩子上课时能否跟上老师的节奏。

旭旭是个聪明活泼的孩子，今年上四年级了，他非常喜欢他的班主任李老师，李老师教他们语文。李老师上课不仅语言幽默诙谐，而且生动形象，同学们经常听得入迷。旭旭觉得李老师的课讲得非常精彩，上课一直跟着李老师的节奏，听课状态特别好，他的学习成绩也一直名列前茅。

到了四年级下半学期，他们的班主任李老师调走了，换了一位新老师。这位新老师十分严厉，上语文课严肃认真，从不和他们开玩笑。旭旭不喜欢这位新语文老师，上课时老想着曾经教他的李老师，因此不听新老师讲课，经常走神，有时甚至看自己的书，导致跟不上老师上课的节奏。新语文老师提醒过他好多次，他依然没有改变。到了期中考试，旭旭有好几道题不会做，最后考试成绩很不理想。

旭旭觉得新语文老师没有以前的李老师讲课幽默，从内心排斥新语文老师，所以新语文老师的讲课方法他没有积极适应，再加上他上课不认真听讲，不跟着老师的节奏，最终导致自己成绩下降。案例提醒父母们，要及时发现并调整好孩子的心态，给孩子讲明白：在每个人的求学路上，不可能一直都是你喜欢的老师教你，而且每个老师有自己的教学方法，拥有自己的教学风格，不可能因为某个学生而一下子改变自己的教学风格。因此，我们要去发现新老师的优点，去欣赏老师，调整自己，尽快喜欢上这个老师讲的课。

父母在教育孩子的过程中，也要注意培养孩子的适应能力。换了新老师，这在一定程度上属于不可抗力，需要孩子尽快接受和适应。另外，最好的学习场所就是课堂，孩子在课堂上一定要跟着老师的节奏走，课堂中老师会讲很多知识点，包括重点、难点，这些都是必须掌握的知识。只有掌握了这些重要的知识点，孩子的学习才不会落下，才能更好地达到学习的目的和效果。

亮亮今年11岁，刚升入四年级，学习任务比以前重了，这对于本来数学基础就不太好的亮亮来说，有些痛苦。因为他上课老走神，

有些跟不上老师的讲课节奏，所以成绩一直不太好。

这次期中考试他的数学刚刚及格，而同桌丽丽考得非常好。亮亮情绪低落地回到家。妈妈看着亮亮刚刚及格的分数，愤怒地训斥亮亮：“你怎么那么笨？你的脑子是猪脑子吗？那么简单的题都不会做？”妈妈边骂边抬起手朝亮亮的身上打去。“看看你的同桌，人家怎么那么聪明？为什么人家就能考好？你跟人家学着点行不行？”妈妈一边打着亮亮一边训斥着。

听着妈妈不停地指责，原本就心情低落、沮丧的亮亮更难过更伤心了。他觉得自己特别笨，什么也学不会。

亮亮在学习中遇到了问题，考试成绩不理想，妈妈对他又打又骂，给亮亮贴上负面标签，亮亮妈妈的做法显然是不对的，也值得各位父母深思。

当孩子遇到问题时，父母指责、打骂，不仅解决不了问题，还会给孩子留下心理阴影。其实，孩子出现问题的时候，也是孩子成长的最佳时机，这时父母应该鼓励和帮助孩子，找到问题的根源。父母可以帮孩子分析问题出现的原因是什么，然后想办法和孩子一起解决。

很明显，亮亮的问题就是上课没有专心听讲，没有跟上老师的节奏，导致听课效率低，考试成绩不理想。面对亮亮这样的情况，妈妈正确的做法应该是鼓励亮亮，可以对亮亮说："这次考试虽然成绩不理想，但并不代表你笨，以后上课的时候要专心听讲，别开小差，只要跟着老师的思路，就能提高你的听课效率，妈妈相信你下次考试一定能取得好成绩。"

五年级，明白为什么要努力学习

进入小学五年级，孩子的学习压力随着年级的升高而变得越来越大，在这一阶段，父母有必要让孩子明白自己为什么要努力学习。如果孩子知道自己是在为什么而学习，那么就能获得学习的信心和动力，也可以享受学习带来的成就感与快乐。

作为父母，一定要告诉孩子，学习不是为了父母，不是为了应付老师的要求而学习，学习是为了不断充实自己、提高自己的能力，是为了实现自己的理想。

假如孩子无法明白这一点，那么他的学习就是被动的学习，这种学习无趣且低效，侵蚀着孩子学习的乐趣，会对孩子的身心健康乃至成长造成严重的伤害。

玲玲已经上五年级了，她是个听话懂事的孩子。从小爸爸妈妈就告诉她要好好学习，将来才能考上好大学，才能找到好工作，不好好学习会让别人笑话没出息。玲玲听了很多类似这样的话，便记在了心里。每天放学回家，妈妈总是催她快点儿写作业，写完作业去看课外书，玲玲也总是按照妈妈的要求去做。

有一天，玲玲放学回家，想先坐在沙发上休息一会儿，妈妈看到了就开始唠叨：“玲玲，你在沙发上发什么呆啊？怎么还不快点儿去写作业？你们现在作业那么多，晚了就写不完了。”玲玲每次回家只要干点儿别的事情，妈妈看到了都会说她：“没写完作业就干这些！你把作业先写完了，然后爱干什么干什么。”

玲玲一直被妈妈“压迫”着，快点儿写完作业也是为了不让妈妈唠叨，为了让妈妈不生气。玲玲觉得自己每天就是在为妈妈学习，为妈妈写作业。

每次考试，玲玲考好了妈妈就高兴得不得了，若成绩不理想，妈妈就批评她：“这么简单的卷子怎么还有错？你平时都学了些什么？你是怎么听课的？你说你是不是笨？”玲玲回忆着妈妈的种种语言暴力，感到很痛苦，根本感受不到学习的快乐。

看到玲玲不写作业而是发呆，妈妈就着急了，开始唠叨，这样不仅没起到提醒的作用，反而让孩子反感。如果妈妈改变态度，转而关心地询问："玲玲，怎么了？是不是身体哪儿不舒服呀？有什么不开心的事儿可以和妈妈说说。"或是说："孩子，你要是累了就先休息一会儿。"这样，孩子就会感受到妈妈的关心与爱，这样的亲子关系怎么可能不融洽？

另外，案例中的玲玲还不知道学习的真正意义是什么，妈妈也没有把这些道理讲透。玲玲只是每天在妈妈的逼迫下学习，因此痛苦万分，学不好也在情理之中。

其实妈妈正确的做法应该是不过分干预孩子的具体学习，给孩子留一点儿空间，只要正确引导孩子，让孩子明白学习的意义，剩下的事情就可以交给时间。孩子会在父母的引导与自己的努力下，一点点变强大。

小雨今年上五年级了，聪明又勤奋。以前的他属于默默无闻那种类型的学生，学习成绩在班里处于中上游。妈妈知道自己的孩子很聪明，如果好好引导，就有着很大的进步空间。于是妈妈在孩子写完家庭作业后，便和小雨随意地谈心，有说有笑，氛围轻松："小雨，你跟妈妈说一说你长大了想干什么？你的理想是什么？"

小雨一边畅想着未来一边说道："妈妈，我长大了想当一个发明家，发明很多很多好玩的东西。"

妈妈接着问："你想发明什么好玩的东西呢？可不可以先告诉妈妈呀？"

小雨说："我想发明一棵超级大的树，让小朋友们在上面自由自在地玩。”

“哇，你的想法太好了，这样可以给小朋友们创造快乐，相信一定会有很多小朋友喜欢。”

妈妈又问：“那怎么才能当上发明家呢？”

小雨想了一会儿，说道：“我想我应该先努力学习吧，只有这样才能学到知识去发明东西。”

妈妈说道：“孩子，你说得真好。妈妈为你的梦想而骄傲，有了梦想，就要努力去实现你的梦想。学习虽然很辛苦，但它是你通往梦想的必经之路。你现在学到的知识，在你通往梦想的道路上肯定会用到。现在每天的努力，都是在为将来做准备。孩子，加油啊，咱们一起努力。”

妈妈在电脑上查了很多关于发明家的相关知识，让小雨了解那些伟大的发明家，同时还告诉小雨成为发明家需要掌握哪些方面的知识，需要开发哪些必要的个人能力等，从而让小雨知道自己应该做什么、怎么做。

妈妈跟小雨的谈话让小雨很受启发，他明白自己现在学习的知识都是自己将来实现梦想的阶梯，只要脚踏实地地学好现在的知识，才能为自己的梦想打下坚实的基础。在后来的学习中，小雨更努力了，他明白。学习是在为自己学习，是在为自己的梦想学习。

小雨的妈妈是一位聪明的妈妈，她明白与其强迫孩子学习，不如先引导孩子明白学习的真正意义，这样孩子才会主动去学习。这样学习效率高，而且学习动力十足，学习成绩的提升自然就是水到渠成的事情了。

六年级，交一份完美的答卷

进入六年级，孩子的学习任务更加繁重。与此同时，孩子的小学时光也进入了倒计时，这时候孩子即将面临人生中的一个重要转折点——升学。升学的压力在无形中影响着孩子，孩子的情绪有时会很冲动，有时会很焦虑。孩子的情绪在这一年波动比较大，父母要多花一点儿时间和精力，对孩子要有足够的耐心，帮助孩子顺利完成这一阶段的学习和成长。

娟娟是一名小学六年级的学生，妈妈发现娟娟最近似乎不再像以前那么快乐了。以前的娟娟放学回来总是和妈妈有说不完的话，给妈妈讲她们学校发生的各种好玩的事情；周末，娟娟写完作业后，经常和同学们一起出去玩。可是现在的娟娟却像变了一个人似的，每天一副闷闷不乐、郁郁寡欢的样子，连话也不怎么和妈妈说了。娟娟的学习时间越来越长，最近妈妈总看到娟娟卧室的灯到了半夜还亮着，这种情况令妈妈十分担忧。

几天下来，妈妈终于忍不住询问起来："娟娟，你在学习上遇到什么困难了吗？妈妈发现你最近很不开心，能和妈妈说说吗？"

娟娟有点不耐烦地说："没什么事。"

妈妈心平气和地说："孩子，你有什么事情别压在自己心里，说出来妈妈和你一起解决。"

"妈妈，其实没什么大事，就是我现在上六年级了，面临升学，老师每天布置的作业多了，还让我们好好复习，毕业考试考出个好成绩，为自己的小学画上一个圆满的句号。妈妈，我也要好好努力，争取考个好成绩。"娟娟说道。

妈妈很欣慰："孩子，妈妈看到了你的努力，妈妈感到很欣慰。只要你尽力就好。"

"妈妈，我知道，但我现在就怕考不好。万一到时候考不好怎么办呀？多丢人啊！"娟娟有点担心。

妈妈看出了娟娟的心理压力，也陷入了深思中：娟娟整天闷闷不乐的，她现在哪里还像是一个小学生？她的压力太大了，这样下去，她的身体会受不了的。

想到这儿，妈妈对娟娟说道："孩子，妈妈看到你每天都很努力，非常高兴，你长大了。但你不要太累，要注意休息，注意自己的身体，别给自己太大压力，你考多少分都是妈妈的好孩子。”

娟娟紧紧地抱住了妈妈。

作为一名六年级的学生，由于课程的增加，完成作业就需要花费很大的精力，占用更多的时间，此时提高学习效率就显得十分重要了。当今社会，孩子考试的压力是由父母、学校和整个社会于无形中制造出来的，这些因素会潜移默化地影响着孩子的生活。但是有的时候，压力也可以变成一种动力，它可以激发孩子积极向上的勇气，但压力过大肯定不行。作为父母，要加强正面引导，不给孩子过度施压，教孩子确立学习目标，掌握正确的学习方法，学习如何有效地利用时间，以平常心对待考试，陪孩子顺利度过这一阶段，让孩子为他的小学生涯交上一份完美的答卷。

桐桐自从上了六年级后，感觉突然就变成了一个大忙人，每天她都要学习到很晚才上床睡觉。妈妈深知孩子进入六年级后学习任务越来越重，但她也明白这样下去会影响孩子的身体健康，于是妈妈找桐桐聊了一会儿。

“桐桐，妈妈知道你每天学习很辛苦，也很累。妈妈刚刚在书上学到一些方法也许可以帮助你，让你不这么累，你有兴趣试试吗？”妈妈说道。

桐桐点点头：“妈妈你快说，我非常想知道。”

妈妈说：“第一，你需要规划好你每天的时间，就是将学习内容按照时间段合理划分，按学习计划严格执行。第二，在做作业时

尽量摆脱对课本的依赖，这样可以提高每个时间段的学习效率。第三，做题要追求质量，掌握题目中的知识点和考点。第四，劳逸结合，休息时就要彻底忘了学习，放松心情。”

妈妈接着说：“如果你能按照自己的节奏，然后结合这些方法，合理安排自己的学习和生活，你就不会那么紧张又忙碌了。”

桐桐按照妈妈的方法，首先规划了自己的时间，然后在做题时挖掘知识点，掌握了知识点，下次再遇到类似的题目很快就能做出来。然后在休息的时候听听音乐，到窗前眺望远方，忘记学习，彻底放松，做到劳逸结合。桐桐还做到了温故而知新，复习时她有针对性地先复习自己还没掌握的知识点，然后复习其他的内容，将自己复习的时间和频率调整好。

就这样，桐桐提高了自己的学习效率，每天再也不用熬夜了，而且学习成绩还提高了很多呢。

孩子的学习情况只有自己最清楚，父母不能代替孩子学习，强逼也逼不出状元。父母只需引导孩子，让他根据自己的情况做好规划，劳逸结合，张弛有度，孩子就会获取“一分辛勤一分收获”的愉悦。

第二章

小学六年，关键是培养学习习惯

在小学这六年中，很多父母特别关注自己孩子的成绩，孩子每一次分数的波动都触动他们敏感的神经。其实各位父母大可不必这样，小学以基础知识为主，孩子只要认真学习了就行。这一阶段的关键是培养孩子的学习习惯，为日后学习更多的知识打下坚实的基础。学习习惯的培养要比试卷上的分数重要得多，各位父母要有清晰的认识。

培养自主意识，让孩子主动学习

自主意识是一种主人翁意识，这种意识无论在什么地方都有着不可估量的作用。一旦培养起自主意识，孩子就能够培养起学习兴趣，独立自主地学习，从而使学习的主动性增强。因此，父母必须注重孩子学习习惯的培养，帮助孩子更好地学习。

刚入小学时，彤彤上学非常积极，生怕自己迟到，每天早早起床，吃完早饭就出发去学校。下午放学之后，她总是积极完成作业，基本上能够做到心无旁骛。可是不知道从什么时候开始，彤彤渐渐变得懈怠了。每天早上，妈妈千呼万唤她才起床，刷牙、洗脸、吃饭没有一样不是在妈妈的催促下完成的。看着她的主动性越来越差，妈妈觉得这样下去对她的成长很不利，想要做点儿什么帮一帮彤彤。

为了更好地带动彤彤，妈妈决定同她一起学习。每天在彤彤完成作业之后，妈妈都会带着她预习功课。遇到难点时，妈妈会询问彤彤的想法，让她先自己思考。当彤彤面对困难想要放弃的时候，妈妈就会鼓励她，让她坚持下去。慢慢地，彤彤上学又变得积极了。

因为预习了，彤彤在课堂上理解老师讲的内容更加容易，她一直追随着老师的节奏，尤其是当从老师的眼中看到对自己的肯定时，她就更喜欢听课了。遇到难题时，彤彤不会再像从前那样发愁，而是先动脑思考。

有时候，一个问题她会想很久，虽然中间也试图想要放弃，但想到妈妈的鼓励就又坚持下去了，并且几次坚持的成功让她更有信心。

就这样，彤彤逐渐培养起了自主学习的好习惯，妈妈再也不用为她的学习发愁了。

好习惯是慢慢培养的，在这个过程中，父母一定要有耐心，让孩子在潜移默化中形成习惯。有些父母不注重孩子的感受，喜欢采用高压强制的方式，结果往往适得其反，让孩子更加讨厌学习。

小刚的妈妈很溺爱孩子，从上幼儿园开始，小刚做什么事情都随心所欲，妈妈从来不加以管束。后来上了小学，小刚因为从幼儿园起养成的懒散习惯，每天很晚才起床，收拾东西也是磨磨蹭蹭的，以至于经常迟到。

一天，小刚上学又迟到了。老师觉得小刚在上学的事情上一点儿积极性也没有，于是决定跟家长聊聊。接完小刚老师的电话以后，小刚的爸爸感觉很没面子。他是一个急性子，决定非要好好管一管小刚不可。

晚上，小刚写完作业以后，正要打开电视看动画片，爸爸一下子关掉电视，命令道：“预习功

课去。”小刚一脸不情愿，可忌惮爸爸发怒，还是慢吞吞地去了，但也只是走马观花似的看了一遍课文。为了让小刚养成预习的好习惯，不管多晚，爸爸都让小刚坚持预习，不管他反抗情绪多强烈，都必须完成这项作业。结果小刚看见语文就发愁，成绩反而越来越不好了。

老师找来家长了解情况，小刚的爸爸如实告诉了老师。老师说："培养习惯不能急于求成，要慢慢地进行引导。孩子有自己的思想，如果我们采用强制的方式让他去学习，反而会加重他们厌学的情绪。"

小刚的爸爸若有所思地点点头。

好孩子是夸奖和鼓励出来的，父母想让孩子有自主意识，主动学习，就应该将教育建立在尊重的基础上，让孩子因为快乐而变得积极。试想，如果有人每天逼着我们做事情，我们是不是也会非常反感呢？孩子也是如此，他们需要父母的帮助和鼓励，需要一个养成好习惯的过程，父母切忌操之过急与简单粗暴。

帮孩子制订合理的学习计划

古语说："凡事预则立，不预则废。"一个孩子想要学习好，必须制订合理的学习计划，有目的地进行学习，这样才能避免漫无目的地浪费时间，使学习更加高效。制订合理的学习计划，不仅能够让孩子有效利用时间，还可以培养孩子的意志力，使孩子学习收获更多。

瑾儿的妈妈是一个公司的管理者，做事情向来井井有条，所以在女儿的学习上，她也注重制订计划。刚上学时，瑾儿写作业时很随心所欲，一会儿写语文，一会儿又写数学，经常一项作业没完成，又去做别的，最后既没完成作业，也没有痛痛快快地玩，时间就在手忙脚乱中流逝了。妈妈觉得这种方式不正确，以后随着所学知识的增多，瑾儿势必会很吃力，于是她带着瑾儿一起制订学习计划。

她们一起商定学习计划和休息时间。妈妈告诉瑾儿："学习计划一旦开始实施，你就一定要坚持下去，否则计划便形同虚设，没有意义了。"瑾儿认真地点点头。

起初，对于按照学习计划做事情，瑾儿总感觉有点受约束，想要放弃。但每当她不按照计划进行时，妈妈就会在一边提醒她："现在是什么时间了？应该在干什么？"瑾儿只好又按照计划进行。习惯了计划以后，瑾儿的约束感消失了，她做事情变得有条不紊，再也没有因为忘记做什么事情而焦头烂额。

合理的学习计划，不仅能提升孩子的主动性，还能让孩子避免一些在学习过程中产生的烦恼，让他们的学习相对轻松。相反，没有合理的计划，学习与生活肯定是一团糟，孩子会经常盲目做事。

笑笑的妈妈觉得孩子既然已经上学了，一切都应该以学习为重，只要笑笑把时间都用在学习上就行，根本不用什么计划。

每天放学回家，笑笑做完作业后，妈妈会给笑笑再安排一些课外课程。

笑笑问："妈妈，我写作业已经很累了，能不能过一会儿再写？"

"还是过一会儿再玩吧，学习重要。"

于是笑笑咬牙坚持，心却早就飞到了九霄云外，课外知识根本没吸收多少。最后她实在疲惫了，妈妈才说让她玩一会儿，可她早已没了心情。

对于妈妈的安排，笑笑很不喜欢，学习也没有什么积极性。

一个孩子的学习成绩是否优秀，有时候跟学习时间并不成正比，决定孩子学习成绩的是学习效率。怎样提高学习效率呢？帮孩子制订合理的学习计划必不可少。

在制订学习计划时，父母首先要教会孩子妥善管理时间。高效地管理时间会将时间充分利用起来，哪怕只是一点儿碎片时间，也不能让孩子虚度。

其次，计划要全面。好的学习计划不能只包括学习，还应该包括休息。孩子总是高强度学习，不仅会对身体产生不良影响，还可能激发其厌学情绪。让孩子劳逸结合，学习效率才有可能提高。

再次，要确定主要内容。孩子的学习时间和精力都是有限的，在制订计划时，要分清主次，抓住重点，这样才能提高学习效率。

最后，规定计划的可调整性。在制订学习计划时，父母要告诉孩子，学习计划不是一成不变的。过一段时间检验一下学习成果，如果学习计划效果不好或者存在不合理之处，要及时修改，让学习计划更加合理。

预习加复习，成绩没问题

在孩子的学习过程中，预习和复习是两个非常关键的学习步骤。把握好这两点，学习就会相对轻松许多，甚至能达到事半功倍的效果。

预习可以让孩子在学习新知识时有目标，这样可以提高学习效率。另外，预习还可以让孩子发现知识断层。知识具有关联性，当孩子在预习中会发现一些知识忘了，就可以及时查漏补缺。预习还可以提高孩子的自学能力。在孩子的成长过程中所需要的知识远比学校中学到的要多得多，这时强大的自学能力就成了孩子成功的关键。所以，作为父母，一定要让孩子养成预习功课的好习惯。

自从乐乐上了三年级，妈妈就开始为她的学习担忧了，因为乐乐的英语成绩不理想。每天回家后，妈妈考乐乐单词时，乐乐总是支支吾吾，半天说不出来。起初，妈妈总是很生气，责怪乐乐上课不认真听讲，可是乐乐却很委屈，哭着说："妈妈，我真的听课了，不知道为什么就是记不住单词。"

为了弄清楚到底是怎么回事，妈妈专门向老师询问了乐乐的课堂表现，老师说："乐乐上课的确在认真听讲，但是我看她好像总是很吃力。如果您有时间，可以提前给孩子预习一下课文，这样上课时乐乐就会轻松很多。"

听了老师的话，妈妈决定要帮助乐乐培养预习的好习惯。从那天开始，妈妈每天会抽出半个小时陪乐乐听课文点读，学习发音，理解单词意思，还会简单学习一下句型。这样坚持了一段时间后，乐乐的英语果然有了进步。这让妈妈很高兴，她觉得是预习起到了好作用。

看见预习有效果，妈妈和乐乐都更有信心了，妈妈每天坚持陪乐乐预习，直到她养成了自主预习的好习惯。

课后复习与预习同样重要。复习可以强化记忆，使学过的知识在脑海中加深记忆，让知识和大脑建立更长时间的连接。另外，孩子在学习的过程中，难免会出现知识漏洞，而复习可以及时发现和补救。最重要的一点是，复习还可以帮助孩子整合碎片化的知识，搭建起知识体系。这样一来，孩子所学的知识就会更加深刻、牢固了。

燕燕放学回家完成了家庭作业之后，就打开电视看起了动画片。这时，妈妈问道："燕燕，你今天的知识学会了吗？"

"学会了，上课我非常认真地听讲了，老师讲的我基本上都会

了。”燕燕很高兴地回答。

“是吗？那就好，要不妈妈考考你单词？”

“没问题，来吧！”燕燕信心满满地说道。

“熊猫！”

“p-a，p-a——”燕燕支支吾吾地半天没有说出来。妈妈之后又考了好几个单词，燕燕也不会。燕燕非常纳闷：“我上课明明都记住了呀，现在怎么好多都想不起来了呢？”

妈妈并没有批评她，而是语重心长地说：“学习知识是要不断巩固练习的，单凭上课短暂的记忆怎么能记牢固呢？”

后来，在妈妈的陪伴下，燕燕又把单词都好好地复习了一遍。第二天早上一起床，妈妈又提问了燕燕几个单词，她全部回答对了。

妈妈说：“看，复习还是非常有效的吧？”燕燕认同地点点头。从那以后，燕燕每天晚上都会将一天所学知识简单地复习一下，甚至还会复习之前学过的知识，慢慢地就养成了复习的好习惯。

所谓“术业有专攻”，学习也有方法和技巧。与其让孩子埋头苦学，付出多而收获少，不如遵循科学的学习方法，培养他们良好的学习习惯。这样既能减轻孩子的学习压力，又能使孩子学习更加高效，何乐而不为呢？

优秀的学生一定是认真听课的学生

“我家孩子很聪明，就是上课不专心，不爱听讲。”这是很多父母对自己孩子的评价。你是不是也有这样的烦恼呢？

听课是孩子接受知识、理解知识、增长知识的重要环节与途径。无数事实告诉我们，优秀的学生一定是认真听课的学生，优秀的学生也一定能高效地听课。想要孩子成为优秀的学生，这就需要父母培养孩子认真听讲、注意力高度集中的好习惯。

认真听讲的习惯不论在课堂上还是在生活中都非常重要。因为人获得信息主要靠听，如果孩子不能养成认真听讲的习惯，那么他接收到的信息可能就会断断续续，甚至会听成错误的信息，从而阻碍学习。

成成是一个顽皮的孩子，做事情总是毛毛躁躁的，没个稳当的时候。让他认真听别人说话好像是件很困难的事情，所以上课时他也不认真听讲，经常手里拿着橡皮玩。一次，课堂上老师布置家庭作业说："课本 25 页，除了第 3 题，其余题都做。"可是成成忙着玩呢，没有听清老师的话，只听见了个"第 3 题"，于是回家只完成了第 3 题。第二天交作业的时候，成成发现只有自己和大家做的不一样，于是一下子急哭了。老师急忙安慰说："以后要认真听讲，知道吗？"成成沉默地点点头。

回到家，成成闷闷不乐的，妈妈询问之下才知道发生了这样的事。妈妈也说让成成以后注意听讲，可成成却说："我也很想认真听讲，可我总是管不住自己。妈妈，你说我该怎么办呢？"

"那妈妈帮你培养认真听讲的好习惯，你配合吗？"

"一定配合。"

妈妈首先给成成规定了睡觉时间，保证充足的睡眠才能更有精力听课。其次，她会在睡前利用半小时给成成读故事，让他端正坐姿，手里不拿任何小玩意，认真听讲。一旦走神，妈妈立刻纠正他。慢慢地，成成的态度认真了很多，有时候妈妈故意读错的地方，他也能够及时发现。每当这时，妈妈就会夸奖他，鼓励他，成成感觉到了认真做事的快乐。

孩子能否认真听讲，关键看他能不能高度集中注意力。如果他把所有的心思都用在听老师讲课上，自然就能够跟着老师的思路走，把知识理解透彻；相反，如果上课注意力不集中，对老师讲的知识点，他就很难吸收，继而产生一系列不好的影响，如回家后作业不会做，产生严重的挫败感，进而渐渐对学习失去兴趣，考试成绩自然也就不尽如人意……

果果的妈妈非常注重对孩子注意力的培养。她觉得孩子想要学习好，就必须学会专注。疫情期间，孩子每天在家上网课，为了不影响孩子，果果的妈妈尽量给她营造一个良好的学习环境。每当果果听课时，妈妈就会停止走动，尽量让家里保持安静，不打扰孩子。

有些朋友觉得果果的妈妈很不可思议，说："听个课不至于如此，你只要别跟她说话不就好了？"

"那是不行的，只要我们有什么动作，孩子都会分心。如果总这样，万一形成习惯就很难改正了。"果果的妈妈很认真地说。

不仅如此，果果的妈妈还经常陪果果玩一些提升注意力的游戏，帮她养成集中精神做某件事的好习惯。

后来的开学考试中果果取得了很好的成绩，并没有因为上网课没有老师监督而耽误了学习。在妈妈的教育和培养下，果果成了一个非常自律的孩子，学习成绩稳步提升，经常得到老师的表扬。

可能有些父母觉得，上课不注意听讲这样的事情应该由老师来纠正，父母毕竟不在课堂上，爱莫能助。事实上，这种想法是错误的。孩子是否能够高度集中注意力，不仅会表现在老师讲课时，也会表现在日常生活中。所以，父母不能只关注孩子在学校的学习而忽视在生活中培养他的好习惯。应该让孩子从小做一些力所能及的事情，培养孩子做事的条理性，以此培养他集中注意力的能力，从而养成良好的学习习惯。

粗心是学习过程中的大忌

每次考完试，总会有一些孩子的成绩不是很理想，于是他们会拿着卷子跟妈妈说："唉，这次又粗心了，我如果仔细一点儿肯定考得比这个分数要高……"在这些孩子眼中，他们已经掌握了每一个知识点，但总是因为粗心难以得到理想的成绩。不光是孩子，甚至有些父母也因为这个理由心安理得地接受了孩子卷子上的分数。事实上，这是一个极其错误的观点，粗心一旦成为习惯，会影响到孩子的很多方面。粗心真的不能避免吗？答案是否定的，粗心的毛病可以改掉，它不是孩子拿不到高分的借口。

放学回家后，丽丽闷闷不乐地把一张数学卷子递到了妈妈手中，慢吞吞地说："妈妈，我这次又没有考好。"

“是吗？”妈妈说着接过卷子，鲜红的“78”映入眼帘，她一下子气得火冒三丈，马上就开始翻卷子，一边看一边数落：“你看看，这道题不是做过吗？怎么又错了？这道题这么简单还能错？”旁边的丽丽很小声地说：“都怪我粗心，有的没审好题，有的弄混了运算顺序……”

“你什么时候才能够改掉粗心的毛病呢？下一次一定得认真，听到了吗？”

“妈妈，我知道了，你别生气了。”

之后妈妈就扔下卷子去做家务了。事实上，这样的情景已经在丽丽家出现了无数次，每次丽丽都答应下次认真，却始终没有兑现过，妈妈也从来没有认真地对待过这个问题，以致丽丽每次考试时都满怀信心，考完的分数却极不理想。

粗心马虎被认为是小学生的通病，因此并没有引起父母足够的重视，甚至认为这只是一个普遍的现象，并不是一个问题。事实上，粗心往往是注意力不集中造成的，特别是小学生还不善于有意识地分配自己的注意力，一心二用，如果不及时改正，可能对孩子以后的发展造成很大的影响。

在孩子学习的过程中，所谓的粗心可能会掩盖掉很多学习的不足之处。当孩子对一些基本概念不清晰时，他们会将知识性的错误当成是粗心，久而久之，知识面出现断层，整个知识体系就会受到影响。所以父母想让孩子学习好，就要让他们改掉粗心的毛病。

小华期中考试考了 98 分，因 2 分之差没有满分。回到家后，她心情非常不好，懊悔得直哭，嘴里一直在说着：“如果我再细心一

点儿，就能得满分了。”看着她伤心，妈妈赶紧过来安慰：“别哭了，成绩只是对你过去一段时间学习的检验，代表不了以后，没关系的。你把卷子拿给妈妈看看。”

于是小华把卷子递到妈妈的手中。妈妈看了看那道错题，说道：“这道题，之前确实出现过，不应该错的。”

“是的，我就是太粗心了。”小华很自责地说。

“女儿，你别哭了，你粗心可能是因为你学得不够扎实，要不妈妈再给你出几道相关的题，你看看会不会做？”

“好吧。”

于是妈妈出了几道与卷子错题相似，但是难度系数稍大一点儿的题。小华做了半天也没有做出来，感觉这几道题看似简单，但是解题思路却一点儿也不清晰。这时，妈妈说：“你看，这种类型的题可能之前你看过一两次，心中有了一个模糊的概念，认为自己已经会了，但是你并没有注意到这些概念中的细节，它们之间存在哪些联系，还会发生哪些变化，所以当题型稍有变动时，你就容易出错。”

“哦，原来是这样啊！”

“所以，想要改掉粗心的毛病，就要从扎实学习开始。”

后来，小华在学习新知识时格外用心，基本上每种类型的题都能做到举一反三，再加上妈妈告诉她学习时要放平心态，不能急躁，小华粗心的毛病就有了很大的改善，基本上不再因为粗心而丢分了。

粗心是孩子学习过程中的一个大忌，父母一定要帮助孩子改掉这一毛病，要教育孩子认清自己的缺点，端正学习态度，认真地对待每一个知识点，做好每一道题，不因熟悉而掉以轻心。父母可以给孩子准备一个错题本，让孩子将易错的题记录下来，这样就能将知识学牢固，逐渐养成好的学习习惯。并不是任何问题都能用粗心来解释，当遇到问题时，父母要帮孩子看清真正的问题在哪里，然后加以改正。

一手好字会让孩子受用一生

人们常说“字如其人”，一个人的字可以投射出其性格、情绪、心理、能力等方面的信息。如果父母想让孩子成为一个品学兼优的好孩子，那不妨从培养孩子写一手好字开始。

写字是一个静心的过程，孩子只有在平静的心态下才能写出一手好字。让孩子经常练字，也能磨炼孩子的耐心，这使孩子在学习的时候能够平心静气，认真学习。而写字潦草的孩子，心境也是躁的，在这种心理状态下，孩子想学好是很困难的。另外，一手好字，能给人一种赏心悦目的感受，养成良好的写字习惯也能让学生终身受益。

明明和冬冬都是学习成绩非常优秀的孩子，两个人的学习成绩不相上下。一次偶然的机会，冬冬翻开了明明的作业本，发现上面粘着好多大拇指的贴纸，很明显是老师贴上去的。冬冬很纳闷：为什么我们两个的作业都没有错误，老师却只给明明贴了贴纸呢？不过，他不敢去问老师，只是在心里想：老师真是偏心眼。这件事让他很不开心，接下来的几天他总是闷闷不乐。

后来老师看出了冬冬的情绪，于是问他："冬冬，你最近怎么了？为什么总是一副很不开心的样子？"冬冬很小声地问："老师，你是不是不喜欢我？"

"你为什么这样问呢？"

"我看过明明的作业本了，我们俩的作业都没有错误，可他就有很多小贴纸，而我却一个也没有。"

听了冬冬的话，老师笑了，然后叫他跟自己到办公室去。老师同时打开明明和冬冬的作业，说道："你对比看一下，还会为自己没有小贴纸委屈吗？"

冬冬发现明明的字迹清晰、工整，几乎没有什么涂涂改改的痕迹，再看看自己的作业，虽然没有错误，但是字写得很潦草。冬冬明白了老师的意思，不好意思地低下头，说道："老师，我明白了，以后我一定把字练好。"

写一手好字有利于孩子责任心的培养。如果孩子的字工工整整，让别人一看就明白，这表明他做事情很认真，学习不马虎。然而为山九仞，岂一日之功，想要练一手好字并不是一件容易的事情，所以父母要帮助孩子，让他们持之以恒，专心致志，养成写好字的习惯。

上小学以后，丹丹的妈妈逐渐意识到写一手好字的重要性，尤其是看到丹丹一塌糊涂的作业以后，更觉得有必要让她学一学写字，最起码不会让老师因为批改丹丹的作业而头疼。于是妈妈在征得丹丹同意之后，给她报了一个书法班。

起初丹丹也很有雄心壮志，兴致勃勃地说要写出最漂亮的字。然而练字并不是一朝一夕就能成功的。过了一段时间之后，丹丹就有些坚持不住了："妈妈，我不想再练了，写字很枯燥，而且每天都要练习，真的很累。"

“乖女儿，没有哪件事情是容易成功的。现在你坚持一下，用不了多久你就能看见自己的成果，那多高兴啊！妈妈相信你能练好。”

就这样，在妈妈的不断鼓励下，丹丹坚持了一天又一天，字逐渐变得工整了，横平竖直，再也不像之前那样横七竖八了，就连丹丹自己看着也觉得赏心悦目。渐渐地，在别人的夸奖声中，丹丹更加有信心了，终于练就了一手好字。

对于孩子，父母始终抱有最美好的期望，不仅希望他们聪明智慧，还希望他们有责任心、有良好的社会关系等，那么这些很可能会因孩子的一手好字而实现。因为一手好字往往能提供一个契机，从而赢得更多的机会。

99%的孩子写作业都磨蹭

孩子的家庭作业明明不是很多，却一直写不完，到了该睡觉的时候，还在写。这时候父母会怎样做呢？是让孩子赶紧睡觉，给明天的课堂留足精力，还是熬夜完成一份毫无质量的作业？无论是哪种情况，对于孩子的学习来说都是不利的。如果家中有这样的情况，那么父母就需要帮助孩子提高学习效率了。

人们常说：“磨刀不误砍柴工。”学习效率对于孩子来说极为重要，它体现的是孩子的学习能力。如果孩子的学习效率高，对知识的吸收率就高，那么学习起来就会相对轻松一些；反之，学习效率低，对老师讲解的知识消化不了，作业不会做，渐渐地，孩子的学习兴趣就会下降，难以取得好成绩。

小乐和小阳是同班同学，虽说学习成绩不相上下，但是对两个孩子来说，她们有着完全不同的学习体会。课堂上，小乐与老师积极互动，思维能够跟随老师的节奏，课堂上的知识基本上能够学会。所以，她回到家很快就能完成作业，然后去做一些自己喜欢的事情：画画、做手工、看书。相比而言，小阳就要逊色很多，课堂上，她总是无法集中注意力，所以总是跟不上老师的节奏。尽管老师为了照顾同学们，已经放慢了讲课速度，但她还是有些吃力。因为课堂知识吸收不好，所以小阳在做家庭作业时经常会有很多不明白的地方，但她是一个好学的孩子，每次都认真复习课堂内容，然后再完成作业。这样一来，一晚上的时间都交给了作业，其他事情根本没有时间去做。

后来,小阳的妈妈觉得小阳现在学习就如此吃力,随着知识量的增加，学习成绩可能会大幅度下滑，于是她决定帮助小阳提高学习效率。

小阳的妈妈先是了解小阳学习效率低的原因，然后有针对性地帮她锻炼，提高注意力，同时不断地鼓励她。慢慢地，小阳在课堂上分神的次数越来越少,吸收的新知识也越来越多,觉得学习都变得轻松了。

其实，孩子学习效率低，无非就是注意力不集中、喜欢搞小动作或者写作业拖拉等造成的，只要改掉这些坏习惯，学习效率自然就有所提升了。对于家庭教育来说，只需要给孩子营造良好的学习空间，尽量多给他们一些陪伴和鼓励，坏习惯慢慢就消失了。

亮亮的学习一直是妈妈最为头疼的事情。每天放学回到家，亮亮就一头钻进自己的房间写作业。看似非常自律的孩子，但是作业完成情况却非常差，常常一点儿作业就能写一个晚上。有好几次妈妈悄悄地观察他，发现亮亮写作业时，手里总要玩点儿什么才行，有时是一块橡皮，有时是一把尺子，有时甚至还会拿一个小玩具。妈妈制止时，他才将这些东西扔到一边。过了一会儿，他又开始抓耳挠腮，似乎手里空着就感觉难受。为此，妈妈没收了他屋里所有的小玩意儿。

后来妈妈发现亮亮写作业还是拖拉，有时候他会自己发呆，有时候又会竖起耳朵听家里的动静，好像怎么也不能专心学习。妈妈觉得亮亮再这样下去，学习一定会出问题的，必须帮他改掉这个毛病才行。

经过商量，爸爸妈妈一致认为要配合亮亮的学习。他的房间里不放与学习无关的东西，全家人保持安静的状态，妈妈尽可能地陪伴亮亮。他写作业，妈妈就在旁边安静地看书，这样不仅能够带动亮亮学习，也能警醒他全神贯注。另外，每天爸爸还会带着亮亮进行户外锻炼，放松紧张的神经，劳逸结合。经过一段时间的坚持，亮亮的学习果然有了起色，写作业时常常能一鼓作气地完成了，课堂表现也好了很多。

看着亮亮的变化，妈妈很欣慰，她觉得所有的用心和付出都值得了。

今天的社会，竞争力极强。如果父母希望自己的孩子能够激流勇进，在社会浪潮中展露自己，就要帮助他们养成好的学习习惯，认真专心学习或做事，不拖拉磨蹭，这样他们未来的人生才会更加精彩。

第三章

小学六年，着力培养孩子的性格

有句话讲：性格决定命运。确实如此，一个人的性格如何，直接决定着他未来命运的走向。好性格成就好人生，而不好的性格最终会毁掉人生。小学6年，正是父母培养孩子性格的黄金时期，抓住这宝贵的6年，培养孩子的好性格，对孩子的发展至关重要。

培养孩子不怕困难的性格

孩子在成长的过程中难免会遇到各种各样的困难，有些孩子很勇敢，敢于战胜困难，于是获得一次又一次的进步；有些孩子很胆小，遇到困难就退缩，于是变得越来越畏畏缩缩，瞻前顾后。父母都希望自己的孩子是勇于面对困难的那一个，所以，如何培养孩子不怕困难的性格就成了众多父母关心的问题。

不怕困难的性格在很大程度上与孩子的自信心有关。当遇到困难时，孩子有足够的自信去尝试、去进取，就能不断获得经验，通常来说也都能最终战胜困难；而当孩子缺乏自信时，一旦遇到不如意的事情，就会认为自己一定不行，从而选择退缩和放弃。久而久之，便会影响他的自信心。所以，想要培养孩子不怕困难的性格，首先要帮助孩子树立足够的自信心。

小雪是一个非常娇弱的女孩，平日里什么都害怕，什么都不敢干，一遇到困难就让爸爸妈妈解决，而她则蜷缩在父母为她建造的安全的港湾内。看着小雪的同龄人个个活泼勇敢，自己的女儿却唯唯诺诺，小雪的妈妈心里很不是滋味。她想，如果一直这样下去，那小雪还谈何未来？于是她和小雪的爸爸商量，要帮助小雪勇敢起来。

周末，爸爸妈妈带着小雪去爬山。刚开始的时候，小雪高兴得又蹦又跳。可刚走了几步山路，小雪就叫苦连天，一会儿说自己脚疼，一会儿说自己累死了，不肯往前走。这时，爸爸妈妈鼓励她说：“爬山本来就是一项运动，你既然选择了，就要坚持，怎么能刚开始就放弃呢？”在爸爸妈妈的鼓励下，小雪又走了起来。很快，他们前面出现了一个陡坡，道路看上去也崎岖难行，小雪直接退缩了：“不行，这个坡我肯定爬不上去，咱们还是回家吧。”

“爬山哪有一路平坦的啊！这个坡对我们来说不算什么，你先休息一下，等会咱们继续爬，等你真正爬上去的时候，就不会觉得有多困难了。”爸爸开导她说。

休息了片刻之后，一家人又继续向上爬去。回头望望自己走过的路，小雪觉得爸爸说得有点儿道理，爬上这个山坡似乎没有想象得那么困难。快到山顶的时候，小雪已经很累了，这时爸爸又鼓励她：“再坚持一下，咱们马上就要到山顶了，那里的风光可是无限好呢！”后来，他们一家人终于到达山顶。感受

着习习凉风，看着眼前美不胜收的景致，爸爸说："如果在山脚你就放弃了，还能看到这美丽的风景吗？"小雪默默地摇摇头。

从那以后，每当遇到困难不想坚持的时候，小雪就会想起这次登山的经历，心想再坚持一下或许就成功了。就这样，她战胜了生活中的很多困难，也更勤于思考了。

父母的鼓励和支持是孩子建立自信心非常关键的一步。当孩子遇到困难时，父母要与他一起面对，帮他分析和研究，商讨如何解决。对于孩子的点滴进步，做父母的都要加以夸奖，慢慢地，孩子面对困难时就不会只是害怕了。另外，父母永远要给孩子传播正能量，而不是凭借自己过往的经验，随意在孩子面前放大困难，使他们"知难而退"，这与教育孩子的初衷是相背离的。

点点的爸爸是一个十足的悲观主义者，在他眼中，什么事情都是有困难的。他常常会把这种消极的情绪带给点点，从而让孩子因为畏惧困难而不敢前行。

一年一度的校园运动会将要在一个月后举行，同学们都踊跃报名参加各种体育项目。放学回家后，点点很高兴地说："爸爸，我们学校要开运动会了，我打算参加。"

"就你那小体格，哪有什么合适的项目呢？"

"我可以跑 400 米。"

"你那小短腿，一定赢不了。"爸爸半开玩笑地说着。

"我可以跳高。"

"跳高不好，容易崴脚。"爸爸的再次否定，让点点很不高兴。

“我扔铅球总行吧？”

“你那点儿力气还是别想了。”听到爸爸这样说，点点“哇”的一声哭了，大喊道：“那我就不参加了！”

在爸爸这样的教育下，慢慢地点点越来越不敢进行任何尝试，在困难面前，变成了十足的胆小鬼。

在孩子的教育上，父母不应该成为困难的“放大者”和“恐吓者”，而是要成为困难的“分析者”和“帮助者”，为孩子提供解决困难的建议，让孩子面对困难时变得无所畏惧，从而使孩子具备遇到困难就去思考、寻求解决方式的思维模式，逐渐把孩子培养成不怕困难的人，那样孩子在未来才有可能真的强大。

培养孩子永不放弃的性格

失败是成功之母。有时候，孩子经历失败反而是一件好事，它有利于培养孩子永不放弃的性格。当遭遇失败时，父母要帮助孩子总结失败的经验教训，鼓励他们站起来，然后再进行尝试，直到最后取得成功。在这个过程中，孩子经历失败的伤心与最终成功的喜悦，本身就是对意志的不断磨砺。自古成大事者大多有着永不放弃的性格。父母希望孩子是优秀的，就要在性格塑造上给予他们最大的帮助。

一天，小雨和妈妈在家中闲来无事，看了一个生发豆芽的视频，两个人都觉得很有意思，决定尝试一番。

妈妈从厨房找来一捧黄豆，和小雨精挑细选之后，就泡在水里等着发芽了。由于第一次尝试，小雨和妈妈都没有经验，黄豆在水中足足泡了三天后，全部腐烂了。看到实验失败了，小雨感叹道："唉，可惜那捧黄豆了。"可妈妈二话没说，又捧来一捧，重新开始。小雨赶紧制止说："妈妈，别再浪费黄豆了。"

"这一次失败了，说不定下一次就成功了，我们必须再尝试一下。"妈妈说。

小雨无奈地跟着妈妈又尝试了一次。这一次，他们每天给黄豆换水，豆子很快就出芽了。小雨和妈妈很高兴。可到了第三天，小小的豆芽又变软了。这下小雨彻底失望了，冲着妈妈说道："你看，又失败了吧，我们别再试了。"

"小雨，做什么事情都不能半途而废，只要我们总结失败的经验，最后一定能培育出好豆芽，你可不能这么轻易就放弃了。"

后来，妈妈向有经验的人请教，总结出教训，可能是由于浸泡豆子的水温度太高而导致豆芽还没长大就腐烂了，所以妈妈这次在水温上进行了严格的控制。几天后，豆芽终于培育成功了。妈妈很高兴，而小雨的脸上则隐隐露出了羞愧之色。妈妈告诉他："做事情不轻言放弃才能获得成功。"小雨使劲点了点头。

父母是孩子的榜样，也是孩子的精神支持者，如果父母遇事动辄放弃，又凭什么要求孩子继续坚持？相反，当孩子想要放弃时，父母应鼓励其坚持下去，并且参与其中，帮孩子一起想办法，那结局就是另外一番情景了。

在面对孩子的失败时，很多时候最难受的其实是父母，甚至比孩子失败了还要痛苦，于是就有父母采取掩盖或者安慰的方法，让孩子逃避失败。殊不知，父母这种害怕失败的心态反而会伤害到孩子，使他们一蹶不振。

最近，冬冬的好多同学都在学习轮滑，让冬冬羡慕不已。他央求妈妈给自已报了轮滑培训班。

第一次上体验课，妈妈陪着冬冬去了。隔着教室的大玻璃，妈妈看着冬冬摔了一次又一次，心疼不已。回去的路上，妈妈问冬冬：“今天摔得疼不疼啊？”

“还可以，有护具呢。”

“妈妈看着都觉得疼，你还想继续学吗？”

冬冬稍稍犹豫了一下，问道：“那我还学吗？”

“要不就别学了，万一摔着怎么办呢？”

“好吧，不学就不学吧。”冬冬也没有想要坚持的意思了。

回到家以后，妈妈跟爸爸说了上轮滑课的事情，爸爸马上对冬冬说：“小男子汉了，摔几跤有什么要紧的。万事开头难，你要是遇到困难就放弃，那什么都干不成。”

听了爸爸的话，冬冬好像又有了信心，再加上他本身对轮滑也没有太大的抵触心理，所以还想继续学习。几节课过后，冬冬已经掌握了基本的轮滑技巧，不再摔跤了，于是就更坚定了学下去的想法。

父母不能成为孩子勇于面对失败的绊脚石，当孩子遭遇失败时，要帮助他们分析原因，鼓励他们不断尝试，这对孩子的成长是更有利的。“坚持就是胜利”是一个亘古不变的真理。一旦培养起孩子永不言弃的性格，那么他们在未来的人生中，就不会因为出现困难而轻易放弃，这对他们的人生来说有着至关重要的作用。

培养孩子果断坚定的性格

孩子刚出生时，性格是不稳定的。在趋于稳定的过程中，他会受到各种因素的影响，其中就包括父母潜移默化的培养。帮孩子塑造一个良好的性格，是决定其人生是否精彩、能否成功的基础。在众多良好性格特征中，果断坚定是十分重要的一项。

通常情况下，优柔寡断的孩子不仅总会给自己增添烦恼，还会因此失去很多机遇；相反，如果孩子做事情果断坚定，那么他们遇事就能够当机立断，获得成功的可能性先不必说，起码成功的机会与概率都会加大。

那么，身为父母该如何培养孩子果断坚定的性格呢？首先就是鼓励孩子下定决心就立即行动。

周末，爸爸妈妈带着星星去某个景区旅游。那里有山水风景，有寺庙建筑，还有儿童游乐场等，有好多好玩好看的地方。星星和爸爸妈妈在景区玩了大半天，还有好多地方没有去。下午两点多，星星实在走不动了，于是，一家人坐在长椅上休息。这时爸爸说：“星星，我们现在该何去何从？我和妈妈听你的！”

“我也不知道啊。”

“现在摆在你面前的有两个选择：第一，休息之后，咱们就回家，你好完成家庭作业，准备明天上学；第二，休息之后再去那两个没去过的景点玩一玩，但是晚上得多学习一会儿，完成作业。”

听了爸爸的话后，星星很犹豫：他累了，想回家休息，完成作业早点儿睡觉；可是他又想着既然来了，如果其他景点没去，回去之后一定会后悔。他也不知道该怎么办了。这时爸爸又说话了：“给你一分钟时间，赶紧决定。想好了我们立刻就行动。”

“那就去玩吧。”星星好像做了非常大的决定一样，坚定地说道。

于是，他们玩遍了整个景区。回到家之后，虽然一家人都精疲力尽，但星星的心中是高兴的，他没有为自己的决定而后悔。

有时候，做事情寻求万全之策无可厚非，但是很多时候事情并不能保证十全十美，尤其是一些情况比较急迫或者必须进行取舍的时候，就更要果断坚定。这种果断坚定的品质是需要从小培养的。如果父母认为孩子还小，凡事只要听父母的话就好，给孩子过分的保护，或者过分严格要求孩子，那么孩子很可能就会成为没有主见、缺乏自主意识的孩子，他们会因害怕犯错而不敢做决定。

小虎是一个10岁的男孩，从名字来看，人们或许会以为他是一个虎头虎脑、非常顽皮的孩子，但实际上，他是个十足的乖宝宝。生活中，小虎只管学习就好，其余的事情一概不用操心，由妈妈全权代理，以至于小虎凡事都喜欢依靠妈妈。

一次，妈妈带着小虎跟朋友出去玩，朋友问："你们想去什么地方玩呢？"朋友的孩子马上回答道："动物园。"

"你呢？"朋友问小虎。

小虎没有回答，而是看了看妈妈。妈妈说："你自己决定吧！"可是小虎犹豫了半天也没有说出去哪里。后来，他们干脆就去了动物园。游玩的过程中，小虎似乎并没有太大的兴趣，妈妈问小虎怎么了，他悄悄地告诉妈妈："我其实想去电玩城。"

"那你刚才怎么不说呢？"

"我害怕你不同意，所以不敢说，我自己也没有想好。"

“现在已经没有时间了，等下次再去吧。”

就这样，小虎因为自己的一时犹豫，错过了一次选择的机会。

作为父母应该多给孩子选择的机会，培养他们做决定的习惯，平时多表扬孩子，支持孩子的决定，让他们对自己充满信心，进而逐渐形成果断坚定的性格。这不仅对孩子的成长有帮助，同时还会影响他未来的人生道路。

培养孩子雷厉风行的性格

雷厉风行是一种做事风格，这种风格干脆利索、不拖泥带水，效率极高，是大家都非常认可的做事方式。而具体到孩子的性格培养上，雷厉风行则是一种积极向上的性格类型，孩子一旦养成这样的性格特征，不管是在学习还是在做事上，都能拥有高效率，更易获得别人的认可。所以父母在孩子小学阶段，有必要培养孩子雷厉风行的性格。

周末妈妈有事需要出门，于是就想把家务活交给爸爸和可可做。可可对做家务很有兴致，于是一口答应妈妈：“保证完成任务。”随后妈妈就出门了。

谁知道妈妈一走，可可就开始拖拉了。他正在扫地时，看见一个自己喜欢的小玩具，就忙扔下扫帚玩去了。爸爸看见了，说道："可可，快点儿打扫吧，照你这速度可不行呀。"

"哎呀，没关系的，我先玩会儿再说。"可可漫不经心地说。

"你既然给妈妈立下了'军令状'，那就要做完，这样才是信守承诺。"

虽然可可还想玩，可是听爸爸这样一说，心中不免有些羞愧，于是再次拿起了扫帚。之后，爸爸时不时地夸奖可可："哟，儿子干得不错，妈妈一会儿回家一定会感到非常惊喜。"

很快，家务就做好了，看着自己的劳动成果，可可也非常高兴。爸爸说："如果那会儿我没有制止你玩玩具，你现在能有这种成就感吗？"

可可摇摇头。爸爸接着说道："做事情要果断、迅速才好，慢慢你就能有所体会了。"

后来，只要有机会，爸爸就会强化可可做事情雷厉风行的思想，慢慢地，可可改掉了之前做事情拖拉的坏习惯，变得积极主动了。而更让爸爸妈妈惊喜的是，可可的学习效率也提高了不少，以前完成家庭作业总要熬到很晚，现在明显轻松了很多。

孩子性格的养成，绝不可能是一蹴而就的，父母需要在生活中不断引导和督促孩子。在平时的生活中，当孩子有磨蹭现象出现的时候，我们要及时提醒孩子，告诉孩子做事情要干脆利落，雷厉风行，并且以身作则，在这样的耳濡目染下，孩子逐渐就会养成雷厉风行的性格特征。但是，我们也要预防孩子对雷厉风行产生错误的理解，这样不但养不成孩子的好性格，反而让孩子变得毛毛躁躁。

周末，学校组织同学们去乡间体验生活。同学们来到一个农场，这里种着各种庄稼，养着很多小动物。很快农场主就宣布了今天的任务：“同学们，我们今天的任务是到田地里拔草，然后将拔完的草喂给小动物吃。接下来我会告诉同学们哪些是庄稼，哪些是草，大家千万不要搞混哦。”说完，他带着大家向农田走去。还没等农场主介绍完，强强就迫不及待地说：“叔叔，我们都认识了，赶紧让我们开始吧。”

很快，农场主给大家介绍完毕，并且分配每人负责两垄。接到任务之后，强强就开始干了。他想，爸爸妈妈常说，做事情要雷厉风行，今天正是我大展身手的时候，我要让大家看看我做事情有多利索。于是他横冲直撞地走进了田里，看见草一顿狂拔，不一会儿就把同学们落了很远。正在他得意扬扬的时候，农场主叫住了他：“小同学，拔草可不是你这么个拔法，咱们得爱护庄稼。”农场主的声音引来了其他同学的围观，大家一看，强强走过的两垄庄稼已经面目全非了：有的东倒西歪，有的没了叶子，还有的草只拔了半截。强强看到以后低下了头。好在农场主并没有计较，只是叮嘱他之后要认真一些。

回到家以后，强强把农场里的事情告诉了爸爸。爸爸说：“想要雷厉风行是好的，但是它并不等于蛮干，做事情还是要认真负责的，更不能给别人或自己造成伤害。”强强若有所思地点点头。

爸爸妈妈在培养孩子雷厉风行性格的时候，一定要让孩子明白什么是雷厉风行，如果孩子不了解雷厉风行的真正含义，那在行动的过程中肯定就会出现偏差。我们只有关注孩子的点点滴滴，才能在孩子出现错误的时候加以引导，帮孩子养成良好的性格，让孩子健康地成长。

培养孩子活泼开朗的性格

孩子健康快乐地茁壮成长，是每位父母的心愿。如何让自己的孩子养成活泼开朗的性格，也是大家共同的话题。要想让孩子养成活泼开朗的性格，父母就需要为孩子创造适当的条件。比如家庭环境，这对孩子性格的影响极为关键。一个和谐快乐的家庭氛围会让孩子更有安全感，情绪也更加良好；相反，一个充满打骂声的家庭，很难培养出真正快乐的孩子。

小静的家庭原本是一个和谐的三口之家。爸爸经营着自己的公司，妈妈则全心全意地照顾着小静。每天，妈妈都准备可口的饭菜，精心打理着家里的一切。晚上，爸爸妈妈还会陪着小静做游戏、讲故事，生活过得美好而惬意。小静整天无忧无虑的，脸上常常挂着甜美的笑容。在班里，她活泼开朗，很多同学都愿意跟她玩。可是，慢慢地，大家发现小静从前的快乐消失了，她变得不喜欢说话了，甚至有些抗拒和同学们交流。谁都不知道小静到底经历了什么。

原来，爸爸的公司遇到了很大的问题，他的心情很低落，甚至有些沮丧，经常借酒消愁，回家后对妈妈的态度也变差了，于是两个人经常吵架，互相不理对方。因为情绪不好，他们对小静的态度也冷淡了很多，有时候还会很不耐烦。小静觉得自己再也不是之前的小公主了，心中失落难过，常常一个人落泪。

由上面这个案例可以看出，一个家庭对孩子的影响是巨大的，甚至会影响孩子的一生。有些消极的因素会给孩子造成难以磨灭的阴影，所以父母在面对孩子时，即使心中有负面情绪，也要适当进行控制，给孩子做好管理情绪的榜样。以快乐面对孩子，孩子才会以快乐迎接你。

当然，除了用爱去温暖孩子，还可以培养他们的兴趣爱好，并给予其表扬和肯定，这同样能够让孩子活泼而开朗。孩子的快乐很简单，源于各个方面。培养他们的兴趣爱好，可以让他们的生活变得多姿多彩。只要他们愿意，父母就应该让他们去学习，去探索每一个可能带给他们快乐的兴趣。不仅如此，当孩子在某些事上表现得很棒时，父母也要及时送上自己的表扬与支持，让他们充满自信，从而获得快乐。有研究显示，自信的孩子比自卑的孩子更乐观，有更强的社会适应能力。

李乐是一个特别自信开朗的男孩。生活中，他很少有不开心的时候，每天都是微笑面对每一个人。几乎见到他的人都会夸他：“多活泼的孩子啊！”其实这一切都得益于爸爸妈妈的培养。

李乐的爸爸妈妈对李乐的教育很开明，他们很尊重孩子的想法，注重他的性格塑造，觉得好性格才能有好未来。于是，只要是李乐喜欢的事情，他们就给予支持。李乐喜欢画画，妈妈就给他报了兴趣班，有空的时候带他到处写生。李乐喜欢旅游，爸爸就带他到处旅游，别人在埋头做卷子时，他在感受祖国的山山水水；别人在背单词时，他在名胜古迹中体味历史的厚重……虽然在旅途中李乐有时候会感到疲惫，有时候还会磕磕碰碰，但他总觉得一切都很美好。上学时他会在课余时间把自己的快乐分享给每一个同学，大家也都

被他的快乐所感染着。

对于李乐父母的做法，很多人表示并不赞同，觉得这样会浪费掉孩子很多学习时间，但是李乐的父母说："书本之外的知识无穷无尽，孩子在精彩的世界中不仅能学到更多知识，还能养成活泼开朗的性格，不比强迫他坐在课桌前更好吗？"

开心、快乐与乐意之间，是递进关系。孩子不开心，首先要解决的就是他的心理问题，学习可以放在其次；孩子开心快乐，才会有心情去学习，学习效率也才会提高。父母要注重孩子的性格培养，这才是他们一生的财富。父母要给予孩子足够的爱与陪伴，让他快乐，而不是漠不关心，决不能用负面情绪去毁掉他。

培养孩子冷静沉稳的性格

你有没有过遇事心浮气躁、慌慌张张，不知如何是好的时候？你有没有过关键时刻内心无法冷静、大脑一片空白的经历？这其实是性格缺乏冷静沉稳造成的。

遇事不慌张是一个重要的性格特征，它适用于人生的每个阶段，小到上学时的一次小测验，大到人生抉择。遇事不慌张会让我们平心静气地做出理智的判断和选择，发挥出自己最好的水平，有利于我们的人生发展。所以，父母要帮助孩子养成这样的好性格，从而为他们成就自己的人生助力。

想要培养孩子冷静沉稳的个性，阅读是一个不错的选择。看书能够让孩子保持内心的平静安宁，也有利于孩子养成遇到问题思考的好习惯，能在一定程度上克制慌张、焦虑等坏情绪的生成。

提起兵兵，可能认识人的都会很头疼。因为他是个非常爱着急的小孩，一遇到什么事情，马上就失去理智，大哭大闹不止。一次，在送他上学的路上，爸爸的车子坏了，兵兵一下子着急了，大喊着："怎么办呀？我要迟到了！老师一定会生气的。"

爸爸看了看时间，说道："别着急，还有一会儿时间，我看看能不能修好。"可这时兵兵不由分说地哭起来，还不停地催促着："爸爸，你快点儿啊，快点儿啊……"后来干脆坐在马路边上大哭起来。虽然爸爸一再保证绝对不会让他迟到，可他丝毫听不进去。看到他这个样子，爸爸只好拦了一辆出租车，先把兵兵送到学校，再折返回来修自己的车。

类似这样的事情还有很多，每次兵兵都会着急，然后催促抱怨，根本不会去想解决问题的方法。爸爸觉得兵兵总这样下去一定不行，长大后如何独立面对问题呢？想要让他的性子变得沉稳一些。

后来，爸爸给兵兵买了好多书，所幸的是兵兵也很喜欢这些书，于是兵兵渐渐养成了阅读的习惯，慢慢地，兵兵在家里不大吵大叫了，遇到问题总会先想一想。看到兵兵的进步，爸爸妈妈都很高兴，鼓励他要像男子汉一样沉稳，兵兵也对自己越来越有信心了。

听音乐也是一种让孩子冷静下来的好方法。舒缓流畅的曲调能够平复孩子激动的心情，将他们带入一个平和的环境中，从而能够

很好地把控自己的情绪。

西西是一个聪明乖巧的女孩，长得也甜美可爱，可就是性格太柔弱，一遇到事情就紧张。每次考试，她都紧张得手心冒汗，以至于考试成绩总是不太理想。一次，班级开联欢会，西西和其他几个同学合排了一个小品。轮到他们上场时，西西紧张得要命，大脑仿佛一下子清空了，台词都忘光了，看她快要急哭了，同学们赶紧安慰道："冷静一点儿，都是自己的同学观看，没关系的。"在同学的带动下，西西才勉强完成了演出。

回到家，西西伤心地哭了好久。爸爸妈妈知道后，安慰她，告诉她遇事要沉稳一些，不要着急。可是西西却说，道理自己明白，可就是控制不住自己。于是爸爸对她说："其实爸爸知道一个能够让你快速冷静的小妙招。"听了这话，西西一下子来了兴致，赶紧问道："什么妙招？爸爸，快告诉我。"

"你每次难以冷静的时候，就听听音乐，很快就能平静下来。"

"真的吗？"

"当然！"

"那我每次考试前听听音乐就能考理想吗？"

"你可以试试。"

西西决定要试一试，于是爸爸就给她买了能随身携带的音乐设备。每次她感到紧张的时候，就听一听，感觉心情真的平复了许多。慢慢地，她喜欢上了音乐，闲来无事的时候就听一听。后来，她发现自己的内心越来越平静，不再像从前那样动不动就紧张了。

另外，父母也要做好孩子的榜样，遇事沉着冷静，因为孩子其实会非常在乎父母做事的态度。父母的暴躁与紧张不可避免地将影响到孩子。父母希望孩子遇事能够平心静气地去思考，然后将事情处理好，但要注意告诉孩子的是，冷静并不等于冷漠，不必让孩子收敛起所有的情绪。父母在教育和培养孩子时，要掌握好尺度，不能把他们变成冷漠的人。当孩子无法控制自己的情绪时，父母要给孩子足够的空间和宽容，让他们发泄情绪，然后陪着他们一起去面对困难。

培养孩子宽容有爱的性格

培养孩子宽容有爱的性格，对于孩子的成长非常重要。父母要告诉孩子学会包容，用爱对待这个世界，孩子会慢慢成长为一个包容、博爱的人，会以善意的眼光看待这个世界，同时，孩子自身的修养也会得到充实提高。

丹丹是一个养尊处优的小公主，是被一家人捧在手心里长大的。因为害怕丹丹在外面不安全，妈妈基本上没怎么带丹丹在外面玩过，除了幼儿园的小朋友，丹丹几乎没有跟别人玩过，所以丹丹有些霸道和自私，但家人似乎从来没有正视过这个问题。

上小学的第一天，老师安排座位，丹丹的同桌是一个小男孩。他皮肤黑黑的，穿的衣服虽然很干净，但明显是旧的。于是丹丹大声地跟老师说："老师，我不想跟他同桌，我不喜欢穿旧衣服的人。"话一出口，丹丹立刻成了全班的焦点，那男孩更是尴尬到不知如何是好。老师把丹丹叫到外面，耐心地开导她，对同学不能有偏见，

丹丹这才勉强同意，并且跟同桌道了歉。

可是，丹丹在班里跟同学相处得很不愉快，别人不小心碰她一下，她不依不饶；别人需要她帮助，她视而不见；别人有不如她的地方，她就讥笑挖苦；别人比她优秀，她又闷闷不乐。所以她每天回到家时都是不开心的，经常会向爸爸妈妈发火。看着孤独的丹丹，爸爸妈妈反思自己对孩子的教育，认为丹丹之所以不宽容，没有爱心，跟他们有很大的关系，于是决心改变自己的教育方式，要把丹丹培养成一个宽容有爱的孩子。

培养孩子宽容有爱的性格，首先要教会孩子换位思考，懂得去理解别人。当孩子遇到觉得自己无法宽容的事情时，父母要让孩子站在对方的立场上去看一看、想一想，试着去理解别人的真实想法，从而逐渐改变从自己的角度出发片面地看待问题的思维。如果孩子渐渐懂得了理解别人，他就不会再纠结于某些事情，就会宽容很多。

另外，多和其他同学交往也能培养孩子宽容有爱的性格。人无完人，有缺点和不足是必然的。父母要教会孩子与别人相处时求同存异，只要对方没有品质方面的问题，就不用斤斤计较，尤其是在面对与自己条件不对等的孩子时，父母更要引导孩子不嫉妒强者，不嘲笑弱者。慢慢地，孩子就能学会容忍，体会到宽容的乐趣。

当然，父母的榜样力量依旧必不可少。父母是孩子的第一任老师，他们往往会受到父母潜移默化的影响。所以父母在待人接物时，要宽容大度，不计较得失，与邻里朋友之间和睦相处，为孩子营造一个友爱和谐的家庭氛围，这样，孩子才能做到宽容待人。

铭铭的爸爸是出了名的“护犊子”。一天放学，铭铭一脸不高兴地走出了校园，爸爸看出了不对劲，于是追问铭铭到底发生了什么事情。铭铭说：“上体育课的时候，小亮把我绊倒了。”

爸爸一听这话就着急了，检查过铭铭身体之后，拉着他就向办公室走去。在体育老师的办公室里，铭铭的爸爸问道：“老师，铭铭说有人把他绊倒了，这到底是怎么回事？”

“铭铭爸爸，是这样的：大家在跑步的时候，铭铭和小亮挨得很近，所以一不小心就绊了一下铭铭，我已经让校医给铭铭检查过了，应该没有问题。”

“不小心？我看他就是故意的，那么大操场非要把人绊倒才高兴啊？”

老师好一顿安慰才把铭铭的爸爸劝回去。然而铭铭的爸爸并没有因此作罢，而是在家长群找到了小亮的家长，再次谈起这件事情。结果两个人闹得非常不愉快。其他家长也都知道了铭铭的爸爸是个“不好惹”的家长。

从那以后，没人愿意跟铭铭玩了。有好几次，铭铭回到家还伤心哭泣，为此铭铭的爸爸又大动肝火，他想不明白，为什么做“坏事”的是小亮，但是同学们要疏远铭铭这个“受害者”？

宽容是一种品格也是一种境界。孩子的宽容心是一种非常珍贵的感情，富有宽容心的孩子往往心地善良、性格温和，有良好的人际关系。孩子终究是会长大的，帮孩子扎下德行之根，让他怀有一颗真诚善良的爱心，那无论在什么环境里，他的世界都会充满祥和，无比美丽。

第四章

小学六年，精心呵护孩子的品德

孩子的成长需要父母的精心呵护，在小学的 6 年时光中，很多父母都密切关注着孩子的学习成绩，而对于孩子思想品德的培养用心不够。这就导致有的孩子思想的成长发生偏差，甚至步入歧途。我们常说一句话：要成才，先成人。只有拥有了高尚思想品德的人，才是对国家、对社会有用的人。小学这 6 年正是孩子思想品德形成的关键时期，而家庭是儿童教育的主体，所以各位父母一定要配合学校共同为提高孩子的思想道德素质教育而努力。

告诉孩子要乐于助人

助人为乐是中华民族的传统美德。然而在当今社会，有些父母却认为如果孩子太善良，乐于助人，难免会吃亏，于是在教导孩子时，有意无意地把孩子带向了自我与冷漠之中，这对孩子的成长是非常不利的。一个人的快乐不仅仅在于他得到了多少，还在于他付出了多少，帮助了多少人。乐于助人的孩子都有善良的性格，总是为别人着想，也将得到别人的帮助。培养孩子从小乐于帮助他人的美德，对孩子今后具有高尚的情操、健全的人格有不可估量的影响。

浩浩和亮亮是一对好朋友。虽然两个人的性格并不相同，但是关系非常好。他们的友谊是从一次帮助开始的。

一天，亮亮放学回家，走着走着，不小心踩到了一颗大石子上滑了一下，脚扭伤了。正在亮亮发愁怎样走回家时，同一学校的浩浩路过看到亮亮走路一瘸一拐的，一下子想起了妈妈的教导——要乐于助人，于是他很关切地问道："同学，你怎么了？"

"我扭脚了。"

"没人接你吗？"

"没有，我家很近的，就在前面的小区，平时都是我自己回家。"

"你也住那个小区呀！既然这样，我背你回去吧！"

“你能背得动我吗？我好像比你重。”

“试试吧，要不然你走回家可费劲了。”

说完，浩浩就把亮亮背了起来，最后把亮亮送回了家。他们互相介绍了自己，从此认识了。浩浩回到家时，虽然满头大汗，但脸上却是笑嘻嘻的，他对妈妈说：“妈妈，我今天做了一件助人为乐的好事，一位同学脚扭了，我把他背回了家，他的妈妈还表扬我了呢，现在我们已经成为朋友了。”

看着浩浩高兴的样子，妈妈赶紧夸奖道：“好儿子，知道帮助别人了。你看，帮助别人你自己是不是也很快乐呀？这就是人们常说的‘赠人玫瑰，手有余香’。”

浩浩高兴地说：“妈妈，我知道了。”

父母在教育孩子助人为乐时，有一点要特别注意，那就是教会孩子辨别真假的能力。孩子还小，对社会上的尔虞我诈、人心险恶等丑陋现象还知之甚少，在他们的认知里，世界是绝对美好的，所以很容易被欺骗。父母在教育孩子时，要认真给他们分析，让他们懂得思考与辨别，以免想要帮人却伤害了自己。

星期天，淼淼跟妈妈去逛街，走到闹市区时，淼淼看见一个跪在街边乞讨的残疾人。他看上去40多岁的样子，自称因车祸双腿失去知觉，无法行走，家中上有老下有小，希望好心人能够帮助一下。淼淼顿时心生怜悯，想要将自己包里的20元零花钱给他。这时妈妈一把拉住她，走向前去。淼淼很纳闷："妈妈，你平时不是教我要乐于助人吗？这位叔叔都这么可怜了，你怎么还不让我帮助他呢？"

"妈妈是教你助人为乐，却不是教你上当受骗。"

"上当受骗？"

"你有没有想过，他双腿既然不能走路，每天又是怎样来的呢？"

"这我倒没想过。"

"这是常见的街头骗术，专门针对你这样单纯的孩子和善良的成年人。"

淼淼对妈妈的话将信将疑。快中午了，街上的人越来越少，淼淼提议要到公园去休息一会儿，于是妈妈带着她向公园走去。这时，正好远远地看见了刚才的那个乞讨者。只见他爬到一个很高的台阶跟前，向四周望了望，看没有其他人，竟然站起来走了上去。看到这一幕，淼淼惊呆了，她想：原来妈妈说的话并没有错，以后想要帮助别人，可真的要小心一些才行。

当然，这样的情况现在已经很少见了。父母要避免矫枉过正，避免把孩子培养成一个冷漠的孩子，要教孩子认真地观察生活，留心身边人的需求，当他们需要帮助时，尽自己的绵薄之力，量力而行。另外，要想培养乐于分享、善于关心、主动帮助他人的孩子，父母要先做出表率。父母要利用一切可能利用的机会在语言和行动上教育孩子，让他们逐渐学会关心别人，帮助别人。只有这样，才能使孩子养成乐于助人的好品格。

告诉孩子要信守承诺

孔子说“人无信不立”，从古至今，信守承诺始终是人际交往以及衡量一个人的人品的重要指标。信守承诺是有责任感的表现，一个人能说到做到，对自己说过的话负责任，是非常难能可贵的，也会因此获得别人的信赖和尊重。

小孩子的责任感不强烈，有时候他们说过的话，一转眼就会被另外的事情吸引而淡忘，这时如果父母能及时引导，就有利于培养孩子信守承诺的好品格。

周末，桐桐写完作业去楼下玩耍，结识了一个新朋友，两人玩得非常开心。午饭时间到了，两人感觉还没有玩尽兴，于是约好下午两点在楼下认识的地方见面。桐桐回到家以后，兴冲冲地跟妈妈说了自己的约定。

吃过饭后，桐桐打开电视看起了动画片，一边看还一边笑，看上去一副兴致勃勃的样子。快到两点的时候，妈妈看桐桐没有一点儿打算出去的迹象，于是提醒她说：“桐桐，马上就两点了。”

可是桐桐似乎早已忘记了约定的事情，一心只想看动画片，很随意地回应了一声，却没有动。妈妈又说：“你不是还有事情吗？”

“没事啊。”

“你不是说好两点要跟新朋友去玩吗？”

“哦，想起来了，可是妈妈我不想去了，我想看动画片。”

“那怎么能行呢？你答应的事情就得信守承诺，否则人家会一直在楼下等你的。”

“那好吧，我这就下去。”

“这就对了嘛。如果你这次爽约了，人家下次就不信任你了，对吧？”

桐桐点点头，出去玩了。

父母在培养孩子信守承诺的过程中，想要给孩子树立榜样，首先要自己信守承诺，这样才能让孩子信服。父母不仅在与别人相处时要信守承诺，而且在面对孩子时同样需要做到说话算话，这样才能在孩子心中建立起威信。有些父母认为孩子还小，根本不懂得什么承诺，经常给孩子开“空头支票”，结果孩子对父母越来越没有信心，对周围的人也不再信任。所以，父母一旦承诺孩子就要努力去实现，如果因为某些原因无法兑现自己的承诺，也要及时给孩子道歉，解释原因，这样孩子就能感受到父母的尊重，逐渐养成信守承诺的好习惯。

一天，妈妈一边做着家务一边想着事情，小楠跑到妈妈的跟前说：“妈妈，最近学校附近开了一个自助餐厅，我们好多同学都去过了，我也想去。”

妈妈想也没想地说：“这周六中午带你去就是了，我这儿忙着呢，你快玩去吧。”

周六上午，小楠去上兴趣班，兴高采烈地跟同学说中午会去自助餐厅吃饭。在回家的路上他都想好了自己到自助餐厅要吃点儿什么。然而他满心欢喜地回到家，准备叫妈妈赶紧出发的时候，却发现妈妈正在厨房忙着做饭。

“妈妈，今天中午不是去吃自助餐吗？”

“哦，妈妈把这事都忘了，你看我都准备好菜了。咱们下次再去吧。”

“不行，你答应要今天去的，现在怎么又反悔了？”

“我菜都准备了，别去了。”妈妈说完继续忙着做饭。小楠则哭着回到了自己的卧室。吃过午饭后，妈妈收拾好碗筷对小楠说：“咱们准备出发吧！”

“去哪儿？”

“咱们不是说好每周六下午去爷爷奶奶家，晚上跟他们一起吃饭吗？”

“我不去了。”

“去吧，你都答应过爷爷奶奶了。”

“答应了就必须得信守承诺吗？你答应我的事情怎么做不到呢？”

妈妈一时语塞。她知道这次自己做得不对，没给孩子起到好的榜样作用，于是主动给小楠道歉，这下小楠才不再纠结，跟着妈妈出了门。

如果父母不珍惜孩子对我们的信任，随意许诺，又不肯兑现，不仅会失去孩子的信任，孩子还可能会有样学样，后果极其严重。另外，父母在教育孩子信守承诺的时候，必须告诉孩子承诺就是责任，不能随随便便承诺，而一旦承诺说出口，就要努力做到。这样才能让孩子获得友谊，获得别人的尊重。守信是父母送给孩子最好的精神财富，所以，让我们从小事做起，多一点耐心，多一份责任态度，多一些交流，与孩子共同信守承诺。

告诉孩子要敢于担当

你有没有见过这样或者类似这样的场景：孩子一边跑一边回头，于是摔倒了，疼得直哭。奶奶赶紧把孩子抱起来，嘴里说着：

“乖孙子不哭，不哭，都怪地把你摔疼了，奶奶打它。”说完就开始拍打地面，慢慢地孩子就不哭了。很多人觉得这是一种哄孩子的好方法，殊不知在这种哄的过程中已经给孩子传递了负能量，如果孩子长时间接受这样的教育，就会逐渐养成不敢承担责任，甚至毫无担当的性格，这对他的成长极为不利。

父母总认为孩子还小，其实他们已经有了是非观念。所以，父母在教育孩子上要格外用心，不能故意帮他推卸责任，也不能对他太凶，以免他因为害怕被批评而习惯性地推卸责任。

成成的妈妈在教育上非常严厉，甚至有些苛刻。她觉得孩子就要乖乖听话，时不时犯错、惹祸是绝对不行的。每次成成不小心做错事情，妈妈都会严厉地批评他，并且让他保证以后绝对不会再犯。甚至有时候在盛怒之下她还会动手打他。这让成成心中非常害怕，一犯错误就胆战心惊。一天，成成自己在家，不小心打碎了一个杯子，妈妈回来后，他害怕被骂，于是就说是小猫跳到桌子上碰倒了杯子。妈妈相信了他的话，没有再追究。成成心中一阵窃喜。后来成成就学会了这种推卸责任的方法，并且屡试不爽。于是他慢慢养成了说谎话、推卸责任的习惯。

如今，只要成成一犯错，不管别人有没有看见，他首先就说“不是我”“我没弄”之类的话，毫无责任和担当。

起初大家并没有太关注，但是成成总说“不是我”就引起了爸爸的注意，他觉得一个男孩子如果总是这样没有担当，将来怎样在社会上立足，又有谁愿意与他交往呢？于是爸爸和妈妈专门找成成平心静气地进行了一番长谈。爸爸讲了不敢担当的危害，妈妈也保证以后改正对成成的教育方法，成成答应以后一定勇于承担自己的责任，做一个勇敢的人。

所以，父母要正确对待孩子的错误，当他们勇于承认错误的时候，要鼓励其纠正错误，给予其正确的引导，并赞扬其有担当；而不是大声呵斥和打骂，避免孩子因为害怕而不敢认错。父母要给孩子一个机会，让他们学会自我约束，进而去承担责任，这才是教育的目的。

孩子经历的事情越多，他们对于事情的应对准备就越充分。当孩子犯了错误的时候，恰恰是我们帮助孩子成长的好时机。

小东和小刚放学后在小区一时兴起玩上了恶作剧。他们捡起小石子在一些私家车上作画，将车划坏了。车主们通过小区监控找到了他们的家长，希望妥善解决赔偿事宜。

小东的妈妈知道事情后，并没有第一时间逃避责任，她在家批评了小东，还带着他逐户给车主道歉，并表示一定承担责任，支付修理费用。小东也意识到了事情的严重，向每一个车主道歉说："对不起，我当时只是一时贪玩，没想到给您造成了损害，请您原谅。"大多数车主看小东的妈妈明事理，小东认错的态度也很诚恳，于是一腔怒火渐渐平息。

小刚的妈妈知道这件事后，首先维护小刚："说我儿子划车，你们看见了吗？"看见妈妈给自己撑腰，小刚底气十足，推卸责任说："我反正是没有划车。"后来在监控的证明下，母子二人不得不承认了划车的事实。这时，小刚的妈妈又说："小孩子淘气在所难免，我们赔就是了。"看到母子二人这样的表现，车主们更加生气，表

示一定让他们负责到底。

从那以后，小东再也没有犯过类似的错误，可小刚依旧没有长记性，不断闯祸。

两个孩子之所以会产生不同的教育结果，是因为两位妈妈的处事态度不同。小东的妈妈教育小东要勇于担当，让孩子认识到一个人做错事情必须负责；小刚的妈妈则包庇小刚，让他觉得做错事情可以推卸责任，实在不行还有父母为其承担，从而放心大胆地再次犯错。

父母想要培养孩子敢于担当的品质其实并不难，凡事从小事做起，如让孩子饲养动物、干力所能及的家务、对自己损害的财物进行赔偿等，循循善诱，严格要求，这样孩子的责任心就会一点一滴地培养起来。当孩子学会勇于负责任时，他必然会成为一个热爱生命、热爱生活的人。

告诉孩子要尊敬老师

中华民族向来把尊师重道当作一种美德，用最美的语言来赞美老师。在封建社会，天子也一样要祭拜为我国教育事业做出了突出贡献的伟大的教育家孔子。

现代社会，孩子从幼儿时期就开始接受教育，所以父母要从小教育孩子尊敬老师，理解老师。尊敬老师不仅是谦逊有礼的体现，也能与老师形成良好的师生关系，进而促进孩子的学习。

优优是一个乖巧懂事的孩子，妈妈从小就教育她要尊重他人。上学后，她对老师极其尊敬，认真对待老师的每一句话，上课也认真听讲。优优的入学成绩并不是很好，但她尊敬老师，有礼貌，老师们都很喜欢她。每当她有不会做的题，老师会主动给她讲解，直到她听懂为止。

第一学期期中考试，优优的成绩依旧不太理想，这多少让她有些不自信了。老师鼓励她说："一次成绩代表不了什么，你学习态度很好，听课也很认真，老师相信你一定能学好的。"老师的话给了优优莫大的鼓励。后来，每当她不自信的时候，就想起老师的鼓励，从而敢于面对困难，慢慢地学习成绩也提高了。

无论从哪方面讲，尊敬老师都是每一个学生必须做到的事情。

老师是园丁，精心地浇灌着祖国的花朵。从某种意义上说，没有孩子对老师的尊重，就不会有理想的教育。如果父母总是当着孩子的面说老师的不是，就会对孩子形成负面影响，使他从内心深处对老师产生排斥，从而无法建立良好的师生关系，影响孩子的学习热情。

球球是一个拖延症非常严重的孩子。每天放学回家，他不着急写作业，而是先这里看看那里瞧瞧，实在拖不下去才开始写作业。不仅如此，他还一边写作业一边玩橡皮，磨磨蹭蹭的，于是原本可以早早完成的作业，每天都要写到十一二点。为此妈妈非常恼火，不过她说的最多的并不是球球的拖拉，而是抱怨老师布置的作业太多。

每天当着球球的面，她就说："你们老师每天留这么多作业干什么呀？就这样写到大半夜能有什么学习效率？成绩提高难道就要靠多留作业吗？"

慢慢地，球球也觉得自己之所以每天这么辛苦，就是因为老师布置的作业太多了，这下更心安理得地磨蹭起来。不仅如此，他还开始反感老师，上课不认真听讲，还跟老师顶嘴。一天，球球上课走神了，老师说："球球同学，要专心听课。"球球很不礼貌地说：

“老师，您布置的作业太多了，以至于我总是晚睡，所以课堂上才难以集中精神。”类似这样的事情还有很多。后来老师跟球球的妈妈进行沟通，球球的妈妈对老师也不是很尊重。就这样，球球的成绩一再下滑，退步明显。

父母对老师的态度在很大程度上影响着孩子对老师的态度。老师和家长都是教育者，但是从总体上说，老师的教育观念、教育技巧、教育经验显然比家长更专业、更权威，所以家长不但要充分尊重学校教育、尊重老师，更要教育孩子尊重老师。

告诉孩子要谦逊有礼

谦逊有礼是一种非常好的品德，在人际关系中发挥着重要的作用。在与人相处的过程中，谦逊有礼的人，能够包容、理解和接纳别人，也能够得到他人的尊重与理解；相反，狂妄自大、不可一世的人，很少有人愿意与之相处。孩子就是一张白纸，有着美好的未来，父母必须从小培养他们谦逊有礼的品质，才能使他们的人生画卷更加绚丽多彩。

莉莉和小雨都是班级里名列前茅的学生，但是同学们对待她俩的态度天差地别，这是为什么呢？

原来，莉莉从小在一家人的溺爱下长大，养成了自私霸道的性格，凡事喜欢以自我为中心。课间活动做游戏时，她让大家必须听她的，否则就不高兴，有什么好事也是自己争着抢着去做，丝毫不谦让。不仅如此，她平日里还经常仗着自己学习成绩好而看不起同学，这让同学们很反感，于是渐渐疏远了她。

小雨与莉莉的性格恰恰相反，她的爸爸妈妈从小教育她要谦逊有礼，与别人和谐相处，要懂得谦让和理解他人。有东西分享时，小雨总是让同学先挑；在与同学玩耍时，也很有礼貌。同学们跟她在一起觉得非常开心，于是总喜欢围绕着她。

与谦逊有礼之人相处很舒服，这是连小学生都知道的道理。但是滑稽的是，很多父母都是一方面告诉孩子要谦逊有礼，另一方面却满口粗话，说话做事都不负责任。父母一定要学会以身作则，要明白任何美德与成就都不是仅凭空洞说教就能得来的，潜移默化地去影响孩子，才能收到润物细无声的效果。

近几年来，网络直播越来越火，于是很多人加入了直播大军。小美的邻居就是如此，她辞职在家做起了直播。因为晚上直播间的人相对较多，所以小美的邻居总是白天睡觉，晚上直播。这样一来，直播造成的噪声给周围邻居带来了很大的困扰，毕竟人们都是在晚上休息的。

最近，小美妈妈的神经衰弱变得严重了，总是睡不着觉，加上有邻居直播打扰，更是经常难以入眠。很多人都劝小美的妈妈去跟邻居说一说，但她总说远亲不如近邻，大家住在一起要相互理解包容。

后来，实在是因为身体难以坚持，她才决定要去找邻居谈谈。

小美的妈妈敲开了邻居的门说道：“实在不好意思来打扰您。我就开门见山地说了，请您见谅。您每天晚上直播的声音我家都是能听到的，之前虽然对我的生活有一点儿影响，但没什么要紧的，可是最近我神经衰弱严重，医生让我保持充足的睡眠，所以您看，您直播的时候能不能稍微放低一点儿音量，就算是照顾我这个生病之人了？”

看着小美的妈妈谦逊有礼的样子，邻居也有些不好意思了，说道：“不好意思，是我疏忽了这个问题，我以为咱们的房子隔音足够好呢，给您带来困扰真是不好意思。以后我会注意这个问题的。”

小美的妈妈道谢之后就回家了。小美说：“没想到这个邻居还挺好说话的。”

“那是因为妈妈在好好跟她说话。人与人相处就好像彼此照镜子，你对他有礼，他就对你有礼，你对他嚣张，他就会对你嚣张。”一旁的爸爸说道，“如果今

天你不可一世地去责备她，那邻居也不一定会是这个态度了。”听了爸爸的话，妈妈只是笑着点头，而小美似乎对谦逊有礼有了更加深刻的认识。

孩子未来要面对的社会，是一个纷繁复杂的世界，如果他们缺乏谦逊有礼的品质，只会在学业和事业的发展上举步维艰。作为父母已经有了这方面的经验，所以一定得好好教育和引导孩子，让他们虚心向学，依礼而行。

告诉孩子要遵守规则

我们所生活的社会由很多人组成，人们按照规则分享自然资源与社会资源，和谐共处。规则是社会公共生活的基本准则。如果没有规则，任何社会活动都难以有序展开，所以我们每一个人都必须遵守规则。如果每个人都只顾自己的利益，不顾他人的意愿，社会必定无法和谐。孩子是社会的一分子，将来也要步入社会，养成遵守规则的品质宜早不宜晚。

通常来讲，言传身教的力量非常大。如果父母能够做到凡事遵守规则，孩子看在眼里，自然也会受到教育，养成相应的品质。如果父母总是偷奸耍滑，不按规则办事，很可能会带偏孩子，对他们的成长造成不利的影响。

蕊蕊上小学了，爸爸妈妈希望她能够在新环境中尽快适应，并且能让老师和同学都喜欢她，从而学习上更有动力，于是他们决定想一想办法。一天，他们通过各种途径找到了老师的家，然后给老师送上自己的“意思”，希望老师能够对蕊蕊多加照顾。可是老师坚决不肯收，他说：“我是蕊蕊的老师，您不来找我，我也一定会对她好的，您就放心吧。”临别，老师坚持让蕊蕊爸妈带走了拿来的礼物。

蕊蕊原本以为这件事情过去了，可世上没有不透风的墙，不知道为什么蕊蕊的爸妈私下找老师的事情被同学们知道了。大家都觉得蕊蕊吃了老师的“偏饭”，于是对她有了很大的成见，不愿意跟她玩。面对同学的孤立，蕊蕊伤心极了。爸爸妈妈也意识到了不遵守规则的确是一件让人不屑的事情，于是告诉蕊蕊，以后做事情一定遵守规则，这样对自己是没有好处的。父母的错误示范则给蕊蕊深深地上了一课。

想教育孩子遵守规则，就要不断给孩子传递正能量。生活中，父母要细心观察孩子的言行举止，如果他们有什么不符合规则的地方，要及时给予提醒，强化孩子的规则意识。当孩子战胜了自我，遵守了规则，还要给予鼓励和夸奖，从而使他能坚持做正确的事情。

周末，爸爸带小新到超市买东西，然后要去爷爷奶奶家吃饭。他们在超市转悠了很长时间，马上就要到中午了，结账的时候，小新很用力地向前挤去。爸爸一把拉住他，说：“儿子，你没看见大家都在排队结账吗？”

“我看见了，但是快到中午了，爷爷奶奶一定等着急了，我们得快点。”小新着急地说。

“那咱们也得遵守规则呀。你想想看，这里排队的人谁没有家人在等呢？如果大家都往前挤，那是不是就乱套了？”

“好吧！”听了爸爸的话，小新只好跟着排起队来。

“这样才是遵守规则的好学生嘛。”爸爸夸奖道。

走出超市以后，小新和爸爸要到马路对面去坐车，这时，小新看没有车辆经过，径直就向马路对面走去。爸爸再一次拉住了他，说道：“走人行横道，这是交通规则。”

“可是并没有车过来呀。”

“那也不行，很多交通事故都是人们疏忽大意造成的，给受害者带来无尽的痛苦。生命可不是儿戏。”

“好的，我记住了。”

在爸爸的教育下，小新逐渐养成了遵守规则的好品质。

人们常说，没有规矩不成方圆。孩子生来是一张白纸，他能变成什么样的人，在很大程度上与父母有关。父母希望孩子有美好的未来，就要自身先成为一个讲规则的父母。

告诉孩子要懂得感恩

爱孩子是父母的本能。从孩子呱呱坠地起，父母就开始对孩子付出爱，倾其所有，不求回报。然而面对父母无穷无尽的爱，有些孩子竟然觉得天经地义，逐渐养成自私、霸道的性格，丝毫不懂得体谅父母、关心父母，甚至有些孩子还会对父母充满敌意，毫无感恩之心。没有谁希望自己的孩子冷酷无情，没有责任感，所以父母要从小培养孩子的感恩之心，这样他长大了才会回报父母与社会。

感恩是一种心态，是一种生活态度，不是与生俱来的品质，需要父母在生活中对孩子谆谆教导，让孩子逐渐树立起相应的意识。

琪琪上一年级的时候，一个冬天的晚上，奶奶上厕所时突然晕倒了，这可急坏了琪琪一家人。当时，他们家还没有自己的汽车，住在郊外离市医院较远，如果叫救护车可能得好长时间才能过来。就在大家忙作一团的时候，邻居听到动静来敲门问询情况，得知老人晕倒后，邻居说："我开车去送吧！"奶奶因为被及时地送到了医院，这才没有了生命危险。这件事让琪琪的爸爸一直记在心上。

后来有一次，邻居家遇到了难事，需要用钱，琪琪的爸爸和妈妈商量拿出了家中仅有的三万块钱，打算借给邻居。虽然琪琪还是个小学生，但她也明白了钱的重要性，于是问爸爸："爸爸，这可是咱们家全部的钱呀，你打算都借出去吗？"

"是的，叔叔现在需要用钱。"

"可是没了钱，我想买什么就买不了了。"

"爸爸妈妈还可以再挣钱呀，或者叔叔过段时间还回来不就有钱了吗？"

"可是我不想借出去。"

"那怎么能行呢？你忘了那年是叔叔大半夜把奶奶送到医院了吗？做人呀，得知道感恩才行。"

"那我们少借他一点儿不就行了？"

"你没听说吗？'滴水之恩当以涌泉相报。'我们要感恩就得尽心。"

琪琪点了点头。看着爸爸拿钱出去的样子，她觉得爸爸的形象瞬间高大了许多。

父母是孩子最好的榜样，一举一动都会进入孩子的视野，对他们造成无法估量的影响。想要教育出好孩子，父母首先要做好自己，懂得感恩，孩子才会效仿。反过来，如果父母不知道感恩，孩子也会有意无意地效仿。

有一年，甜甜的奶奶检查出了结核病。她一个人在乡下无人照顾，

于是爸爸提议把奶奶接来，让妈妈照顾几天。可妈妈听完爸爸的话，脸色立刻就变了:“你不知道结核病是要传染的吗？接来我可不照顾，你是她儿子，要照顾你回去照顾吧。”

“你怎么能这样说话呢？你生甜甜的时候，妈不是也没白天没黑夜地照顾你、照顾甜甜吗？”爸爸很生气地说。

“她伺候儿媳妇月子，照顾孙女是天经地义的，谁让她养儿子呢。”妈妈回道。

爸爸跟妈妈大吵了一架，摔门走了。剩下母女两个人的日子倒也清闲，妈妈每天变着花样给甜甜做吃的。有一天，妈妈感冒了，高烧不退，她躺在床上想喝点水，于是叫甜甜给自己倒水。可甜甜直接拒绝了：“你自己去倒吧，我怕你把感冒传染给我。”

“我是你妈，我感冒了你不应该照顾我吗？”妈妈有些生气地说道。

“可是你还能动啊，我可不想被你传染，感冒可难受了。”

听了甜甜的话，妈妈气得流下了眼泪，自己掏心掏肺地对孩子好，到头来她却如此冷漠。想到这些，妈妈不由得生气地骂道：“你这个小白眼狼。”

“我是小白眼狼，那你就是大白眼狼。”甜甜丝毫没觉得自己有什么不对，笑嘻嘻地回应着。妈妈这下明白了，原来甜甜是在学自己。通过这件事情，妈妈深深地反思了自己，一直以来自己只爱孩子，却不懂得感恩长辈，所以甜甜这样对待自己也无可厚非。可是甜甜未来的道路还很长，如果她一直不懂感恩，那她还能有朋友吗？还能在社会上立足吗？想到对孩子的不良影响，妈妈不寒而栗，赶紧拨通了爸爸的电话……

第五章

小学六年，让孩子学会为人处世

小学 6 年，是孩子成长非常关键的一个时期。在这个时间段，孩子接触的人越来越多，面对的事情越来越复杂，这就要求孩子要有一定的为人处世的能力。孩子终究是会长大的，是要自己走完人生的。作为父母，能在孩子小时候，教会孩子一些为人处世的道理，让孩子在与他人的交流过程中应对自如，这对他建立良好的人际关系是大有益处的。

无法做到，就不要轻易答应

古人常说“轻诺必寡信”，生活中不乏这样的人，为了所谓的面子，胡乱吹嘘自己的能力，答应别人的事情却无法办到，让人一次又一次失望，严重影响社交关系。

学校是一个微型社会，虽然小学生对为人处世的学问知道得并不多，但是同学经过相处，谁值得信任，谁不能依靠，他们还是知道的。父母要教导孩子，要想跟同学们相处融洽，就得做别人值得信任的朋友，就要做到言出必行；对于自己做不到的事情，不要轻易答应，以免影响他人对自己的期望。

小明班上有个同学想在课间活动时间踢毽子玩，于是就问大家谁有兴趣一起玩。没想到一呼百应，大家都想参与进来。之后，大家就开始商量买毽子的事情。这时小明说：“我知道哪里能买到毽子，我在我家附近的小卖部见过。”

“那你明天能帮我捎一个吗？”一个同学问道。

“当然可以！别说是一个了，一百个都能给你买来。”小明很自信地说道。

“那既然这样，我们就派你当采购员吧，我们把钱给你，你帮大家买。”同学们异口同声地说道。

“没问题，一定完成任务！”小明很爽快地答应了，并且每人收了一块钱。

放学回家，小明赶紧跑到小卖部去买毽子，可是因为很少有人买，所以店主人只进了5个，没有那么多。小明只好买下了这5个。

第二天，小明一到学校，同学们就围了过来，可当小明拿出5个毽子后，同学们都失望极了，原本打算好好玩一天的，结果毽子没买够。虽说小明把钱退给了大家，可同学们还是失望极了，抱怨小明说话不算话，那些没有毽子的同学都生气得不再理他了。

晚上，小明沮丧地回到家，把这件事情告诉了妈妈，妈妈说：“自己没有把握办到的事情就不要随便答应别人，别人会认为你是一个言而无信的人，就不愿意和你交朋友了。”

小明点点头，答应妈妈以后再也不这样了。

守信是重要的人格素质，它影响到一个人的整体形象。一个人只有诚实守信才能得到别人的尊重和信任，才会结交更多的朋友，得到更多的帮助；而一个不守信的人，即使其他方面再优秀，也很难成大器。所以，父母从小就要教育孩子诚实守信的做人原则。

班里要选班长了，为了体现民主，老师拟定了两名候选人，让同学们投票决定。康康是候选人之一，他学习成绩好，个子很高，也比较会说话，很得老师的喜欢；斌斌是另一名候选人，他学习成绩一般，但是管理能力比较强，也适合当班长。

班会时间到了，投票活动开始了。康康看上去很高兴的样子，他觉得自己学习成绩好，平时很多同学都请教自己问题，当选的可能性非常大。然而让他没想到的是，最后自己竟然落选了，斌斌得到了一多半同学的投票。

后来，老师私下了解到，原来康康一向很不守信，答应别人的事情常常办不到，同学们对他很失望。大家觉得，如果让他当班长，有可能不会给同学们办事。可斌斌不同，他不会轻易答应别人什么，可只要他答应的事情就一定能够做到，同学们都很信任他。

通过这件事，康康认识到了轻易许诺的后果，决定以后一定要改正轻易许诺的毛病，做一个真正守信的人。

诚信教育对孩子而言是一堂必修课，父母要在他们很小的时候就告诉他们，做人要守信用，因为“人无信不立”，没有信用的人无法立足。在日常生活中，父母要做有心人，为孩子创造愉悦的讲诚信的氛围，以感染孩子。一个守信用的孩子，长大以后，也一定会成为对自己、对家庭、对社会能承担责任的人。

不要鼓励孩子打小报告

我们身边经常有这样的小朋友，他们特别喜欢告状：在家里时，他会说："爸爸，姐姐打我！""妈妈，爸爸在阳台抽烟啦！"在学校，他会说："老师，他弄坏了我的铅笔盒！""老师，这件事情是他干的！"甚至完全跟自己没关系的事，他也会向老师告状："老师，他上课不认真听讲！"这些都属于打小报告的行为。

其实，年少的孩子爱告状是其年龄特征决定的。对于家长而言，更为重要的是要弄清楚孩子告状的原因。不要随意斥责孩子，要帮助他分析问题，引导孩子换位思考，让他依靠自己的能力化解矛盾，解决问题，而不能动不动就去找老师告状。

东东是一个三年级的小学生。一天放学回家，他看上去一脸苦恼，妈妈询问缘由，他说："同学们都不跟我玩。"

"为什么呢？"

"他们说我爱打小报告，怕我把他们的秘密告诉老师。"

"你真的爱打小报告吗？"

"我打过几次，不过那都是他们做错了事，而且是很早以前的事了，最近我一直没有报告老师。"

"因为你过去曾经跟老师打过小报告，给同学们留下了爱打小报告的印象，所以他们才会认为你只要有事就会告诉老师，就不愿意跟你玩了。”

“那该怎么办？”

“以后如果你遇到问题，要试着和同学协商解决，不能总是去告诉老师。你只要改掉这个毛病，同学们自然就跟你玩了。”

东东体会到了被孤立的滋味，认识到了打小报告伤害了同学们对自己的信任，决定以后有什么非说不可的事情会当面跟同学们说，不会再向老师打小报告了。

孩子喜欢打小报告，父母不能站在成人的视角将其看成是不道德的行为，对孩子责备呵斥。当孩子有打小报告的行为时，父母应该透过行为去发现孩子的问题。很多时候，孩子之所以要打小报告，是因为孩子独立解决问题的能力不足或者不自信，这才求助于老师或者父母。如果长时间这样下去，孩子会对老师和父母形成依赖，失去独立解决问题的能力，这对他之后的成长是不利的。

周末，小旭妈妈的几个朋友带着各自的孩子来小旭家玩。为了方便大人们聊天，妈妈们就让孩子们去另外一个房间玩。可是孩子多，纷争就多，时不时地就会有孩子前来告状：“妈妈，他们抢我的玩具。”“妈妈，他们骂我。”“妈妈，小旭霸占了所有的零食。”告状声不断。起初，妈妈们会出面调解一下，可后来她们发现，家长越是参与，告状声越多，这让大家很无奈。

这时，又有一个小朋友跑来了，说道：“他们又不跟我玩了。”小旭的妈妈正要起身去调解，这时，这个小朋友的妈妈说话了：“他们为什么不跟你玩呀？你自己好好找找原因，自己去解决吧。妈妈也管不了这事。”

这个小朋友一脸不情愿地跑回去了，之后再也没有来过。之后又有其他小孩子跑来告状，同样被自己的妈妈拒绝了。后来，他们竟然相安无事，玩了整整一个下午。

当孩子告状的时候，父母不要急着批评孩子或者替孩子出头，而要了解清楚他们告状的原因，然后鼓励他们自己去解决问题。平日里，父母要注重培养孩子独立自主处理事情的能力、与别人沟通表达观点的能力，这样孩子就会逐渐变得自信、强大起来，当遇到问题时自己就能解决，减少对父母的依赖，更加独立自主。同时他们也能变得更会为人处世，知道什么事情该做，什么事情不该做，从而与他人建立良好的关系。

坦诚相待才能交到真心的朋友

坦诚相待是一种难能可贵的品质，坦诚相待他人的人，很容易赢得真诚善良的朋友。“心如赤子”，孩童时期的情谊是最难能可贵的。如果我们的孩子能够对同学坦诚相待，不仅能在小学阶段收获美好的友情，还能增强其交际能力，对日后的学习和生活有很大的益处。

天天和小楠是同班同学，又住在一个小区，所以天天很珍惜这份缘分，经常去找小楠玩。不过小楠似乎并没有太在乎天天。没人跟他玩的时候，他就来找天天，一旦有别人跟他玩，他就拒绝天天的加入。

一天，天天像往常一样去找小楠玩。看见小楠正和一个新朋友玩，天天也想加入，可小楠却好像并没有看见他一样，完全没有理会他。

天天在他们身边站了好久，始终没有等到小楠的招呼，于是就默默回家了。

隔天，在班里遇见，小楠去跟天天玩，天天没有理会他。放学回到小区，天天也没有再出来玩，小楠只好生气地回家了，嘴里还嘟囔着：“真是小心眼。”

妈妈听到了，问道：“你在说谁啊？”

“还不是天天，昨天我没跟他玩，他今天就不跟我玩了，真是记仇。”之后他就把昨天的事情说给了妈妈听。

妈妈说：“你能怪天天不跟你玩吗？你作为同学对人家坦诚相待了吗？人家是你的好朋友，你召之即来挥之即去，对人家没有起码的尊重，所以他伤心了。”

小楠听了妈妈的话，才意识到自己的错误，于是问妈妈：“那该怎么办呢？”

“你去给天天道歉，看他原不原谅你。”

于是小楠听妈妈的话和天天重归于好了。经过这次的事情，他认识到交朋友要坦诚，否则没有人愿意同自己交朋友。

坦诚是交往的基础，如果连这一点都做不到，肯定交不到真心的朋友。在孩子与同学相处的过程中，很多时候，他们会因为彼此不够坦诚而产生误会，从而使原本很要好的朋友渐行渐远，错失珍贵友情。反过来说，坦诚相待也是避免误会的最好办法，更是友情能够持之以恒的动力。

叮铃铃——下课铃响了，同学们一窝蜂似的跑出了教室，只有阳阳坐在座位上没动。她的爸爸妈妈吵架了，她的心情很不好，今天不想出去玩了。临上课的时候，同学们都回来了，这时同学小爽没头没脑地叫起来，原来是她的5块钱丢了。于是她怒气冲冲地走到阳阳跟前问道：“你看见有谁来过吗？”

“没有啊，我一直在教室呢。”阳阳回答。

小爽本来还想说点儿什么，可忍了忍什么都没说。其实大家都心知肚明：小爽看阳阳支支吾吾的态度以为是她拿了自己的钱，而阳阳害怕大家笑话她又不想跟小爽解释。就这样，两人虽没有明说，但彼此心中产生了误会。之后的几天，她们互相不理睬了，这两个很要好的同学一下子变得形同陌路。直到有一天，小爽在自己的书包夹层里发现了那五块钱，这才明白自己冤枉了阳阳，于是主动跑去跟她道歉。

阳阳说：“也怪我对你不够坦诚，我这两天因为家里的事心情不好，结果却被你误会了。”

其实，要是阳阳跟小爽说明自己的原因，再让她仔细找找，或许就不会产生误会，但她的态度让小爽误以为她是理亏才不说话，也就没有再认真去找。而小爽也缺乏对朋友的信任，将自己最要好的朋友当作怀疑的对象，最终导致了两人的不愉快。幸好最后误会解除，否则这段珍贵的友情就会告一段落。

作为父母，一定要告诉孩子坦诚地面对每一个同学，只有对方感受到自己的真诚，才愿意向你敞开心扉，这样培养出来的情谊才最珍贵。如果孩子从小没有养成对人坦诚相待的习惯，那他长大后待人接物也很难做到真诚、恰当，就很难有什么真心的朋友，这对他未来的发展是一个极大的障碍。

不拘小节和缺乏教养是两回事

人们常说，做大事者不拘小节。因此，不拘小节被看成一种大方、潇洒的气度。通常来说，不拘小节的人开朗大方，不斤斤计较，能够与人很好地相处。不拘小节是一种豁达的处世之道。父母想让自己的孩子将来有所成就，有广泛的交际圈，就要让他学会不拘小节，从而赢得他人的信任和欣赏。

引导孩子不拘小节其实很简单，只要父母遇事不斤斤计较，做好他们的榜样，同时教育他们不要太在意别人的无心之过。

芳芳是一个文静的小姑娘，她喜欢阅读，家中有很多书。一次，同学来她家里玩，看见她有一本《宝葫芦的秘密》，正是很久以前就想看的，于是就提出要借回去看看。芳芳很大方地借给她了，并且叮嘱她不要弄坏了。

一晃几天过去了，同学来还书，很不好意思地说："芳芳，对不起，有一页我看得太入神了，不小心给折了个印子。"听完之后，芳芳赶紧打开书查看，心疼得不得了。看着同学一脸愧疚的样子，芳芳妈妈赶紧说："没关系的，书折了再压平一样看，芳芳不会怪你的。"听妈妈这样说，芳芳也就没再说什么，愉快地跟同学玩去了。

一次，芳芳跟小区里的几个同学一块玩"老鹰捉小鸡"。她充当的是小鸡，向前跑的时候被"老鹰"盯上了，一把抓住了她，芳芳的裙子被撕破了。这可是芳芳最喜爱的裙子，于是她伤心地哭起来，一旁的"老鹰"也手足无措。妈妈循声赶来，问清楚原因之后，安慰芳芳说："乖女儿，你想想看，同学是故意撕坏你裙子的吗？"

"不是的。"

"那既然是无心之过，你还这样计较干什么呀？裙子破了妈妈再给你缝一缝，如果你太责怪同学，人家下次还敢跟你一起玩吗？"

"可这是我最喜爱的裙子。"

"你裙子坏了心里难过是正常的，可要一直哭，对方就会心里不舒服了。既然跟大家玩游戏，就不要太拘小节，这样大家才玩得愉快。"

听了妈妈的话，芳芳不哭了，回家换了衣服继续玩起来。就这样，芳芳养成了不爱计较小事的好品质，大家都喜欢跟她玩。

当然，不拘小节针对的是一些没有恶意的人，如果有谁刻意伤害自己，那自然不能忍气吞声，任人欺凌。所以父母在教育引导孩子不拘小节的同时，还要让他学会去辨别事情的本质，这样才能让孩子朝着正能量的方向发展。

如今，有一部分父母对不拘小节的认识有偏差，认为不拘小节就是不注重细节，这是不对的，这样教育引导出来的孩子是不受他人欢迎的。

过年了，妈妈带着扬扬去朋友家做客。进屋后，朋友的家人都很热情地说："扬扬来啦！"可扬扬什么话都没说，直接拿起房间里的玩具就玩起来。妈妈略有些尴尬，笑着说道："这孩子就是贪玩。"

"没事，小孩都这样。"朋友忙着说道。

过了一会儿，午饭准备好了。朋友喊自己的孩子和扬扬吃饭，正好扬扬有些饿了，就迅速来到桌边，拿起筷子就开始狼吞虎咽

起来。看到大家都还没有落座，妈妈有些难为情地说：“扬扬，大家都还没吃呢，你别着急。”

“没关系的，孩子饿了就赶紧吃吧。”朋友的家人说道。

“我们这孩子在家不拘小节惯了，到哪儿都特别随意。”妈妈解释说。

吃过饭后，妈妈带着扬扬回去了。朋友家人纷纷感叹说：“这个小孩有点儿被宠坏了。”

不拘小节和不懂礼仪是两码事，前者是处世态度，后者是缺乏教养。如果父母常用不拘小节来理解孩子一些不遵守规则、不懂礼仪之类的问题，那么在孩子心中就会形成错误的想法，不认为他的这种行为是不好的表现，反而是值得提倡的。照这样发展下去，孩子很有可能会变成一个没有自我约束能力的人，言行无状，缺乏公德心，最终难以愉快地与他人相处。因此，父母要正确地理解不拘小节，然后正确地引导孩子，将其培养成一个心胸开阔、乐观豁达的人。

有人蛮不讲理，我自海阔天空

生活中，有很多人在为人处世时喜欢钻牛角尖，一旦跟别人有了矛盾就喜欢较劲，往往跟他人争论得面红耳赤。如果这时懂得退让一步，那就可能是“柳暗花明又一村”了。所以，父母在

陪伴孩子的过程中，要不断地引导和鼓励孩子成为心胸豁达的人，遇到问题时可以换种思维，退让一步，这样就可能拥有更加广阔的发展空间。

星期天，爸爸带晨晨去看电影。因为电影很火，所以排队的人接起了长龙。这时一个排在他们身后的妇女一直往前挤，晨晨的爸爸几次提醒，可她就是不听。突然，前面的人不知道什么原因向后靠了一下，爸爸无路可退，踩了一下后面妇女的脚，差点儿摔倒。还没等爸爸开口说话，后面的妇女就不依不饶地叫起来，一副很凶的样子拉住买票的人给她评理，于是爸爸开始跟她理论。可爸爸不管怎么解释，她始终在那里喋喋不休。眼看着影响到了大家买票，爸爸只好退一步说：“好了，你也别说了，我踩了你的脚，是我不对，对不起。”

看到爸爸退了一步，那个妇女才让开了别人的路，一脸气呼呼地到其他地方排队去了。

看完电影在回家的路上，晨晨问爸爸：“今天排队的时候本来你是没有错的，是她一直向前挤才被踩的，你为什么要给她道歉呢？”

“你说我一直跟她争执有什么用呢？只会让自己生气，浪费大家的时间。道个歉解决了不就完了？”

“可那样你不就认输了？”

“傻孩子，这是一种处世技巧，不是输赢的问题。你看，我们今天看的电影多有意思，如果把这时间拿来跟她吵架，有什么意义呢？”

“哦，爸爸，我明白了。”

我们常用毫不妥协来形容勇敢，但实际上，妥协是一种理智的忍让。我们常说“退一步海阔天空”，也正是这个道理。退，是为了更有力地前进；妥协，也是为了愈见刚强。

古代文学家李康曾经说过：“木秀于林，风必摧之；堆出于岸，流必湍之；行高于人，众必非之。”生活中若太过锋芒毕露，个性太强，往往会处处受制；若学会从容低调，示弱在先，往往能够趋利避害，在更为宽阔的天地里，一步一步向心中的目标靠近。

在大多数人传统的观念里，男孩天生就得勇猛强悍，所以很多男孩的父母从孩子很小的时候就格外注意锻炼他坚强刚硬的个性。然而太过刚强的男孩，当他们长大成人以后，往往会遭遇更多的压力，承受更多的辛苦。男孩在外，要为生活打拼，当成家以后，还要为家庭做出必要的牺牲。倘若肩负太多的压力而又偏偏硬撑死扛的话，就会如那些被落雪积压又不懂弯曲的树干一样，终被摧毁。

学会妥协，才能获得感受幸福的机会。一个太过刚硬、雷厉风行的孩子，惯于掩藏内心的敏感，对外呈现出一副无坚不摧的姿态，久而久之，先天敏感的知觉便很容易退化。每个人的时间都是有限的，当你在充分表现自己强大的同时，就会失去那些静心享受生活的时间和心志。只有懂得“妥协”的孩子，才能有心情欣赏沿途的风景。所以作为父母，要教会自己的孩子以平和的姿态，珍惜和品味生活中的一点一滴。

与人交往时，要学会容忍别人的缺点和错误，只要他们的缺点不是品质方面的，不是反社会的。不要事事计较、事事都要求公平合理，这样才能与人正常交往，友好相处。当然，父母还要让孩子知道宽容并非懦弱，也不是盲从，更不是对坏人坏事的妥协。

要有所坚持，要学会变通

灵活变通是生活中不可缺少的智慧，也是为人处世最重要的一种能力。然而现在很多孩子缺乏这种能力，父母让他们干什么，他们偏不干，非要按照自己的方法一意孤行，直到在现实面前屡屡碰壁，才勉强承认自己的方法确实不行。有时候，孩子有所坚持的确很好，它能够让孩子更有毅力，但如果孩子始终一根筋，不懂得灵活变通，那就会出问题。

一天，妈妈在忙着做晚饭，发现家里没有盐了，于是赶紧掏出5块钱，对岩岩说："儿子，快去给妈妈买两包盐，家里没盐了。"

"好的！"岩岩接过钱，正要出门，妈妈又说："快点儿回来啊，妈妈等着用呢！"

"好的，知道了！"

过了一会儿，岩岩气喘吁吁、两手空空地跑回来了，说道："妈妈，你给我的钱根本就不够买两袋盐，现在每袋盐3块呢。"

妈妈听了他的话哭笑不得，问道："那你怎么不先买一袋回来呢？"

岩岩不好意思地挠挠头，说："我一心只想着买两袋了。"

还有一次，岩岩的妈妈和朋友约好第二天去郊游，还买了很多好吃的。可是第二天一早，天就下起了小雨，妈妈只好跟朋友商量，取消出行的计划。这下岩岩可气坏了，他蹦着说："不行，说好的要去郊游，怎么能变卦呢？"

"你没看见外面下着小雨吗？"妈妈问道。

"我不管，反正昨天已经说好了，今天必须去。"岩岩坚持着自己的想法。

后来，爸爸妈妈坚持不出门，岩岩气得哭了好一阵。

未来，孩子要独立面对社会，如果他只会固执己见，不顾他人的建议和实际情况，肯定会影响与他人的合作，在将来的发展中更容易受到伤害，这是父母所不愿意看到的。那么父母应如何教会孩子灵活变通呢？

首先，父母要多让孩子做主，孩子总是自己处理事情，慢慢就会总结出经验，懂得灵活变通；其次，要引导孩子打破常规思维，弱化思维定式；最后培养孩子多向思维，做一件事情时父母多向他提问，这样他慢慢就会考虑事情的多重可能性，逐渐变得灵活。

李新是一个思维极其灵活的孩子，这与父母从小的培养有着很大的关系。从李新懂事开始，他的爸爸妈妈做事情时就开始征求李新的意见，例如明天天气好的话，你要穿什么衣服？天气不好的话，你要穿什么衣服？我们要去姥姥家，怎样坐车会更省时间？……后来，李新上小学了，思路变得更广，对于家里的事情爸爸妈妈基本上都会考虑他的意见。尤其是旅行，爸爸妈妈完全不必操心，李新自己会通过手机做好攻略，只要爸爸妈妈跟着走就可以了。

周末，李新一家人想外出游玩，于是李新制订了出行计划：第一站植物园，第二站海底世界，第三站电视塔。看到这个计划，妈妈问道：“你不是很早之前就说想去香山公园看枫叶吗？为什么不设成第二站呢？”

“妈妈，我已经看过天气预报了，下午会有小雨，去香山公园不合适。明天我们可以随时观察天气情况，如果天气一直很好，我们从植物园直接去香山公园就好，距离很近的。”

第二天上午，他们一直在植物园中游玩，临近中午的时候，天气有些转阴了，于是李新一家开始出发到第二站海底世界，路上果然下起了淅淅沥沥的小雨。很快，他们就到了海底世界，好好地在室内游览了一番。下午，李新带着爸爸妈妈向中央电视塔走去，它就在太平洋海底世界的上面，所以在小雨中漫步几分钟就到了，全家人没有受到什么影响。在电视塔上，他们俯瞰了北京全城，晚上又看了北京夜景，在旋转餐厅吃过晚餐，这才结束一天的出行，心满意足地回家。

在回家的路上，爸爸妈妈不禁夸奖李新：“儿子，你的头脑真灵活，这一天安排得简直太好了。”

如果孩子从小学会灵活变通，那他的应变能力就会不断增强，这对孩子日后立足社会有着非常重要的作用。通常情况下，能够灵活变通的人工作能力都非常强，他们能够面对很多可能出现的问题，并有条不紊地应对。未来的世界是复杂多变的，充满了不确定性，它需要孩子灵活变通。所以父母必须重视培养孩子的这个能力，让他们在面对困境时，能有更多的方法去解决问题。

现在没底线，未来有危险

有这样一类孩子，他们到别人家做客时乱翻东西，在小区里搞破坏、横冲直撞、无法无天，到处惹是生非，这些孩子之所以成为这般让人讨厌的模样，大多与他们的父母对他们的过度娇惯有关。因为在父母的溺爱下，他们养成了缺乏底线思维，不知道什么事情不该干的性子。这样的孩子长大后极有可能逾越法律的红线，酿成不可估量的恶果。

人不能脱离社会单独生活，每个人都会与他人产生各种各样的联系，言行举止往往会影响其他人。如果父母没有教会孩子树立底线思维，这对孩子来说是极其危险的一件事，很可能影响他的人际关系，难以成大事不说，还可能因为做出损人不利己的事情，给他人和自己造成不可挽回的伤害。

临近春节，街上卖鞭炮的摊位多了起来。皮皮放学后回到家，拿上零花钱就去跟小朋友买鞭炮玩了。刚开始，他们只是点燃鞭炮向空中抛去，偶尔还会朝着路过的行人扔去，看着行人吓一跳，他们咯咯地笑。行人看他们几个是孩子，也就没有太追究。后来，皮皮觉得这样玩太没意思了，应该想点儿新鲜的花样。于是他点燃鞭炮顺着下水井的孔洞扔了进去，正当他准备要跑开的时候，井盖一下子被炸起来了，因为受到井盖的冲击，他被甩出去好几米远，头也磕破了。

皮皮的爸爸妈妈得到消息以后，赶紧带着皮皮去了医院，经过医生检查，皮皮只是受了点儿皮外伤，并无大碍，爸爸妈妈这才放心。不过这次皮皮可着实吓得不轻，他原本只是想听听鞭炮在井下炸裂的声音，没想到下水道有沼气，产生了这么大的威力。经过这件事，爸爸妈妈也觉得皮皮已经顽皮到没有底线了，下定决心要好好教育他，更要让他明白：安全问题无小事，以免他将来做出什么让人意想不到的事情。

树立底线思维对于孩子来讲是很有必要的。可能有些父母对底线思维不太理解，认为这样会束缚孩子的成长，抑制孩子内在潜力的挖掘。然而事实并非如此，孩子有了底线思维之后，才能明白哪些事能做，哪些事不能做。在这个前提下，孩子才能更好地自主学习、自主探究。

那么父母应该教会孩子树立哪些底线思维呢？通常来说，生命底线、尊严底线、生存底线都是孩子应该具备的底线意识。父母要告诉孩子：人的生命只有一次，任何威胁到生命安全的事情都不能去做；人要活得有尊严，如果有谁不尊重自己，绝对要远离他，以免自己受到伤害；人无论何时都要有生存的本领，父母不是一辈子的依靠，孩子在离开家之前必须具备基本的独立生存能力。

航航过去的家在农村，大街上总有一大群孩子在玩耍，随随便便就能找到玩伴，航航从来没有感到孤独过。自从上了小学，他的家搬到了市里。楼房拉开了人与人之间的距离，他谁也不认识了，心中备感孤独。

后来，他发现同班同学小宇跟他住同一个小区，心里别提多开心了。虽然小宇在班里是出了名的调皮鬼，可航航觉得聊胜于无，有一个总是好的，再说又是同班同学，玩一会儿还是可以的。

刚开始几次，航航去找小宇玩，小宇都很爽快地跟他一起玩。可是慢慢地，小宇又认识了新朋友，他对待航航的态度就转变了。

一天，航航像往常一样去找小宇玩，看见小宇正跟别人开心地玩，他说："小宇，咱们一起玩吧！"

"想让我跟你玩也可以，你只要学几声狗叫我们就带你一起玩。"

航航心想，学几声狗叫又没什么，回去自己多孤单呀，于是就学了几声，加入了小宇的队伍。

后来，航航的爸爸听说了这件事情，对航航说：“儿子，一个人要活得有尊严，这是做人的底线。如果小宇不尊重你，你大可以不跟他玩。如果你不在乎自己的尊严，将来也没有人会尊重你的。”

航航点点头，把爸爸的话记在心里了。

对于孩子来说，只有树立起底线思维，才能严格约束自己，让自己变得越来越好，活出最精彩的人生。所以父母陪伴孩子不能只是单纯地守护他、溺爱他，父母更重要的任务是教育和引导孩子，成就孩子。

第六章

小学六年，让孩子爱上运动

小学时期的孩子，活泼好动，让孩子在这6年中爱上一项或几项运动，将对孩子的成长产生非常积极的影响。爱上运动的孩子，不但能练就健康的体魄，还能造就阳光般的心态，这种心态会积极影响孩子的学习与生活，从而延伸为全家人的幸福。

足球或篮球，可以培养孩子的团队意识

在众多的运动中，足球和篮球是比较典型的团队运动，要求队员要有比较强的团队意识，如果孩子经常踢足球或者打篮球，对团队意识的培养是有很大好处的。

如今社会分工越来越细，越来越明确，这就要求人与人之间要进行分工协作，而一个人能否与他人进行良好的协作，取决于他是否具备团队意识。想要培养孩子的团队意识，父母不妨让孩子从踢足球或打篮球开始，让他明白团体活动中充满了快乐，自己也能在团体中实现价值。

过去，王蒙做事情总是非常自我，无论做什么事情，他只想着自己，从来不管别人。班里卫生评比，他只把自己的位置收拾干净就好；团队大合唱，他自己在家不停练习，却不乐意参加大家的排练。诸如这类的事情还有很多，因此同学们经常说他“不合群”。

后来，学校要组建校园篮球队，王蒙身强体壮，被选上了。从那时起，每天下午活动课他都会去练习打篮球。在篮球队中，他担任过中锋，也充当过后卫，明白了每一个角色对整个团队都有着重要的意义，只有大家齐心协力，才可能赢得比赛。慢慢地，团队意识开始在王蒙的心中生根发芽，并且越来越强烈。

如今，王蒙在班级活动中非常积极，因为他明白了一个人无论多优秀，如果跟团队协调不好，那整体也是差的。于是，班级评选先进班集体时，他主动给功课较差的同学辅导作业；表演节目时，他也不再单独行动，而是积极地把大家聚在一起排练……看着王蒙的变化，大家都非常高兴，纷纷夸奖他越来越为班集体着想了。

不仅在学校如此，王蒙在家也有了很大的变化，他不再像从前一样自己想干什么就干什么，而是会考虑爸爸妈妈的感受。为此，爸爸妈妈经常夸他："儿子，你越来越棒！"

缺乏团队意识的孩子，即便他自己非常优秀，有着丰富的学识和出色的技艺，但"独木难成林"，走入社会后，他也无法与别人建立良好的合作，难以融入集体。当然，他也体会不到集体的荣誉感和在集体中实现自我价值的满足感。

陈乐是班级里的"足球小王子"。他之所以能够得到这个称号，是因为他的球技非常棒。陈乐酷爱踢足球，从很小的时候就已经开始踢了。他会花式踢球，课间活动时经常会给同学们展示一下自己的球技。

最近，学校要选派一支足球代表队参加市里的小学生足球联赛，陈乐因为在学校足球社团表现突出，于是被选拔出来，跟其他班级的几个小朋友组队参赛。为了能够获胜，足球队的同学们希望除学校安排的练习之外，还可以利用课间活动或周末的时间练习，可是陈乐却说："你们觉得踢不好可以再练练，我感觉我自己的球技没有问题，所以不想在这上面花那么多时间。”面对陈乐的拒绝，大家都很无奈，纷纷表示：“足球是团队比赛，你一个人好有什么用呀？”

“那就在临比赛前多练习一下不就好了。”说完陈乐就去忙自己的事情了。

比赛那天，陈乐所在足球队的同学们默契度很低，要么不知道在恰当的时候传球，要么急着传球队友接不住。一场比赛下来，被对方球队踢得落花流水，输得非常惨。

经过这次比赛，陈乐深深地意识到了团队意识薄弱的危害，他说：“过去我太自我了，以为只要自己的球技好就行，忽略了团队默契合作的重要性，实在是太不应该了！”

是否具备团队意识，对孩子日后的成长非常重要。拥有团队意识的人，更容易融入陌生的环境中，适应能力也更强，也更容易受到他人的认可。但这种团队意识需父母从孩子小时候就开始培养，所以父母可以多带孩子参加一些体育项目，让孩子在训练与比赛中感受协作的乐趣，感受个人与团队共同努力的力量。

学游泳，多掌握一项生存技能

游泳是生活中常见的运动，这项运动对人的新陈代谢、心脑血管系统、呼吸系统、肌肉系统等都有很大的好处。多参加游泳锻炼，对孩子身体的成长发育也很有帮助。另外，游泳作为一项基本的生存技能，当出现溺水事故的时候，能够挽救自己或他人的生命。因此很多父母重视游泳课程，甚至让孩子从婴儿时期就开始尝试游泳，希望他们从游泳中获得乐趣，在关键时刻能避免伤害。

2018 年，某地 4 个小学生到小河边玩水，其中一个小孩子不小心落水了，其余 3 个小孩子慌忙施救。结果遗憾的是，几个小孩没有一个会游泳，于是很快都被湍急的河流冲走了。这一不幸的消息震惊了无数人的心。4 个小孩花一样的年纪，本可以有大好的未来，却被大水永远地吞没了。这时人们不禁感慨，如果这几个孩子会游泳该多好，就不至于发生这样的悲剧了。

孙阳的妈妈看到这一消息后，一颗心不由得紧张起来，她觉得一定要让孙阳学会游泳，以便应对突如其来的危险。

起初孙阳非常怕水，但在妈妈和教练的鼓励下，他一天比一天进步。撤掉辅助教具的时候，孙阳其实还是很害怕的，但是他想起妈妈的话：“游泳是一项生存技能，是必要的运动”，就咬牙挺过了这一关。当他能够自由在水中游动时，心里别提多开心了。

看着他学会了游泳，妈妈也格外开心，她说：“儿子，现在你学会游泳了，至少遇到危险的时候能够自救，妈妈就放心了。”

有些人对于学习游泳存在认知上的误区，从而阻碍了很多孩子的热爱与学习，这是不对的。更有些人觉得游泳没什么技巧，只要在浅水里多玩一玩，自然就会了，这种想法更加不对，而且极其危险，因为孩子一旦踩不到水底就有可能发生溺水事件。还有人认为，只要远离水源就可以，只有会游泳的人才会去玩水，才会发生溺水的事故。这种想法是偏执的。人的一生无法预知会遇到怎样的危险，多掌握一项生存技能总是好的。有一些父母心疼孩子，认为整日学习已经很累了，没有必要浪费精力去学习游泳。事实上，游泳可以强身健体，缓解疲劳，甚至还能让孩子变得越来越聪明。

石头对学会游泳非常向往。每次到海边度假，或者听说同学们到游泳馆玩，心中都渴望自己会游泳。可是妈妈觉得学习游泳没有什么必要，只要孩子知道陌生水域危险，不随随便便下水就可以了。

五一长假，石头的爸爸开车载着一家人回乡下奶奶家度假。途经一个水塘时，突然迎面来了一辆车，速度非常快，石头的爸爸想停下时已经来不及了，但如果不躲必定会被撞上，情急之下，石头的爸爸躲了一下，于是整个车栽进了旁边的池塘里。眼看水从车窗浸了进来，一家人干着急却没有办法，虽说车窗没有关，但是谁也不会游泳，也没法自救。所幸的是，车子栽进池塘的位置是浅水区，水没有将整个车子淹没。最后一家三口爬上车顶等待救援。后来，有几个路过会游泳的好心人，下水把他们解救了出来。

有了这次惊心动魄的经历之后，妈妈总是心有余悸，再也不说游泳没有用处了，并且积极主动地给石头报了游泳班，希望他以后再也不会经历这样的危险。

虽说天灾人祸不常有，但是谁都无法保证绝对不会遇到。父母希望孩子健康安全，但更应该鼓励孩子去参加游泳这类运动。如果父母因为一些不必要的担心而让孩子放弃这类关键时刻能够救命的运动，才是最不明智的。

需要强调的一点是，父母一定要告诉孩子，即使会游泳了，也要对水有敬畏之心，不能因为自己会游泳了，就不把危险当回事。很多溺水事故都是孩子过于自信，忽略了客观环境的危险，诸如水底有淤泥、水草等，最终导致悲剧发生的。所以，父母要让孩子时刻警惕，不能在野外随便下水，防止发生安全事故。

轮滑，让孩子阳光洒脱起来

轮滑是一项低冲击、全身性的有氧运动，以速度取胜，趣味性非常强。它不仅能够提高孩子的体能和耐力，调节身体协调性、灵活性，还能对孩子良好性格的形成有非常大的帮助。通常情况下，学习轮滑可以排遣孩子的学习压力，放松神经，使孩子心情愉悦，更加阳光洒脱。

飞飞是一个性格内向的男孩，平日里很少说话，再加上身体也很柔弱，在班里似乎没有什么存在感。那一年，爸爸和妈妈离婚了，家庭的巨变让这个原本就不爱说话的孩子变得更加沉默。眼看他终日不快乐，妈妈心里别提多难受了。

有一天，飞飞突然对妈妈说："妈妈，我最近的学习压力太大了，我想学习轮滑放松一下。"

妈妈听了也没有多想，既然孩子喜欢，不管他最后能不能坚持下来，她都会支持，于是答应了飞飞的要求。从那以后，飞飞每天都坚持练习。刚开始，他总是摔跤，可他从来不哭，妈妈很心疼他。经过一年多的练习，飞飞的轮滑已经相当熟练了。后来，他征得妈妈同意，参加了轮滑马拉松。最后飞飞完成了整个赛程，妈妈为此感到骄傲。

现在的飞飞，早已不是当初那个没自信、胆小的男孩，他变得阳光积极、开朗热情。每当看见他开心的笑容，妈妈总会不由得热泪盈眶。她觉得是轮滑让飞飞变得优秀。

有时候，孩子之所以不快乐，是因为他们没有足够的自由，也没有释放心情的方式。这时，父母可以考虑让孩子学习轮滑，让他们在速度中将烦恼遗忘，从而找回原本属于孩子的快乐。

轮滑不仅可以培养孩子不怕苦不怕累的精神，还能帮助他们更好地树立自信。孩子在学习的过程中，每完成一项动作都会产生一种自我满足感，从而提高孩子的自信心和参与体育活动的积极性，有助于孩子形成良好的心理素质。

小左天生左脚残疾，走起路来稍微有点儿跛脚，虽说并不严重，却严重影响了他的自信心。他常常为此伤心，不敢参加学校的任何活动，生怕看到同学们的异样眼神。尽管同学们并没有区别对待他，但他始终过不了自己心中的那道坎儿。一些要好的同学劝他要自信一些，可道理他懂，真正做起来却并不容易。

一次偶然的机会，小左接触到了轮滑。过去他一直认为自己左脚有残疾，无缘这项运动，但是教练却说，他可以试一试。小左心情激动了好久，决定要学会轮滑，因为滑行起来就再也没有人能看出他跛脚了。

经过无数个日夜的勤学苦练，小左终于能够完全驾驭轮滑了。每当他穿上轮滑鞋，就感觉自己踩在了风火轮上，心中有了从未有过的自信。尤其是听到别人的夸奖后，小左更是自信满满，心想：我终于也有强于别人的时候了。有了自信的小左，变得阳光积极了许多，就好像完全变了一个人一样。

如果孩子不够自信，不妨让他学一学轮滑，让他在一次次跌倒中学会坚强，理解勇敢和不放弃的含义，让他因为能够轻松驾驭轮滑鞋而自信满满，逐渐变得快乐洒脱，给自己的未来提供更多的机会和更广阔的发展空间。

滑雪，让孩子在白雪上飞翔

滑雪是有氧运动，运动量大，能够增强肺活量，同时还能锻炼身体的协调能力、平衡能力、柔韧性和应变能力，而且对于儿童的骨骼生长发育也能起到非常好的促进作用。滑雪是一项在户外进行锻炼的有益身心健康的运动，可以提高孩子的抵抗力，降低感冒的发生概率。父母可以带着孩子参加这项运动，让孩子在白色的雪地中感受滑雪的魅力和激情。

伟伟是一个柔弱的男孩，从小身体就不怎么好，每到冬天总要感冒两三次才行。临近平安夜时，伟伟读到了一个关于圣诞老人的故事，他说：“妈妈，圣诞老人坐着雪橇，在皑皑白雪间行走，一定是一件非常美的事情。”

“你喜欢雪吗？”妈妈问道。

“当然了，有机会我一定学一学滑雪。”

“这还不简单，只要你想学，妈妈一定带你去尝试一下。不过学习滑雪不容易，需要坚持才行。”

“妈妈，我能坚持的。”

之后，妈妈就让伟伟去学习滑雪。起初，他受不了滑雪场寒冷的天气，三天两头感冒，但是他没有放弃。慢慢地，他适应了那个环境，抵抗力越来越强，几乎不怎么感冒了。妈妈感叹地说：“滑雪真的是太好了，过去不管我怎样悉心照顾，伟伟也总是生病，现在结实多了。”

滑雪这项运动不仅能够增强孩子的身体素质，同时还能磨炼人的意志，让人学会独立。滑雪相对其他运动，天气条件更具挑战性，如果孩子缺乏毅力，很难坚持下来。如果他能战胜各种困难，享受到滑雪的乐趣，那他就成功了。在这个不断失败与挑战的过程中，孩子的心理素质也会变得更好。

牛牛是一个性格内向的男孩，平日里在学校很少愿意与同学们交流，就算跟爸爸妈妈也很少说自己的心里话。最近一段时间，妈妈发现牛牛的情绪很不好，学习下滑得比较严重，询问缘由，他也不说。后来妈妈决定带他去放松一下心情。

一个本该活泼开朗的年龄，正是孩子最美好的时候，牛牛却每天把自己的内心包裹得严严实实。

刚开始，牛牛看到滑雪场地时似乎并不怎么想玩，后来还是妈妈不断鼓励他，他才穿上装备学了起来。掌握了基本的要领之后，牛牛尝试着自己去滑。这一次，他大胆地向前滑着，害怕的时候他会高声地叫起来，仿佛周围并无其他人，整个滑雪场就他自己一样，这让牛

牛感到格外轻松。快要结束的时候，牛牛穿着装备滑到妈妈的面前，开心地冲妈妈笑了。妈妈瞬间激动得热泪盈眶，因为她也记不得有多久牛牛没有这样发自内心地笑过了。

有了这次尝试，牛牛似乎寻找到了真正的乐趣。每当他不开心时，就会让妈妈带他去滑雪，他告诉妈妈：“当我在白雪间穿行时，我就全然忘记烦恼的事了，我很开心。”

因为滑雪，牛牛渐渐变得爱说话了，至少跟妈妈是这样的。有时候在回家的路上，他还会跟妈妈分享一些滑雪的心得，真的好像变了一个人一样。

滑雪这项运动具有一定的刺激性和挑战性，无论是大人还是孩子，滑雪时都会感到心情愉悦。父母培养孩子，不仅希望他们身体健康，还希望他们快乐向上，所以父母应该鼓励孩子积极参加滑雪运动，让孩子在飞驰中放松自己的身心，协调自己的身体，享受运动的乐趣。

学跆拳道为的是强健体魄

说起跆拳道，可能很多人的第一反应就是“打”，于是不太赞成自己的孩子参加这项运动，认为女孩子学了以后会变得不温柔，男孩子学了以后脾气会更暴躁。事实上，这是一种错误的理解。跆拳道是一种有益身心健康的运动，它能够帮助孩子练就健康的体魄，还能使孩子拥有积极乐观的心态。

浩浩是一个小学四年级的男孩，身材瘦小，性格软弱，一点儿男孩的样子也没有，经常一遇到事就哭鼻子。有时候爸爸气急了，就会冲着他说：“你呀，活脱脱一个林黛玉转世。”虽说浩浩还小，但自尊心却很强，每每听了爸爸这话，他心里都难过极了。他很想改变自己，却没有什么合适的方法。

后来，有人建议爸爸让浩浩学一学跆拳道，一方面强身健体，另一方面还可以让他变得坚强一点儿。听了这个建议爸爸觉得是个方法，在他心中，只要浩浩能变成小男子汉，他很乐意去尝试。

暑假刚一开始，爸爸就带着浩浩去了跆拳道馆。一路上浩浩的心情紧张极了，生怕自己会坚持不下来。开始的那段时间，学习的确非常艰苦，浩浩每天都特别累，每当躺在温暖的被窝中时，一想到自己一直被打倒在地，就想着干脆放弃算了。可是第二天，他却说不出口，害怕爸爸笑话自己。下定决心学习以后，浩浩每天练得很辛苦，渐渐地，拳来脚往，打得不亦乐乎。就这样，他居然咬牙坚持了过来。

如今浩浩再也不是之前爱哭鼻子的小孩了。虽说他还不壮实，但是肌肉却紧实有力，很有“练家子”的风范。

跆拳道是强身健体的一项好运动，父母应该鼓励孩子去尝试。当然，有些父母让孩子爱上跆拳道，其目的并不单纯，他们认为学习跆拳道可以用来防身，如果有谁敢欺负自己的孩子，就让孩子给他点儿颜色看看。在父母这一想法的影响下，孩子会认为学习了跆拳道就比别人厉害，于是不害怕惹祸生事，做事情肆无忌惮，从而影响孩子良好的人格塑造，给成长造成不利的影响。

张力的爸爸是一个特别疼爱孩子的人，舍不得孩子受一点儿委屈，他对孩子的教育方式就是“人不犯我我不犯人，人若犯我十倍奉还”，所以张力在外面从来不吃亏，即使吃亏了，父母也会为他出头。为了让张力有更好的自我保护能力，爸爸给张力报了跆拳道班。张力为此也非常得意，心想：这下看谁还敢欺负我。

尽管跆拳道老师一直强调学习跆拳道的目的就是强身健体，不能以此为优势欺负弱小，可张力根本听不进去。

一次，一个同学不小心踩了张力一下脚，虽说同学已经赶紧道歉了，可张力还是不依不饶，认为对方是故意的，狠狠地踹了同学一脚。老师知道后，让张力给同学道歉，可张力却振振有词，态度非常不好，后来双方家长来了，在老师的劝说下，爸爸替儿子道了歉，事情才算过去。

在回家的路上，爸爸对张力说：“儿子，爸爸今天是看在老师的面子上才给他道歉的，你做得对，有人欺负你就是不行！”张力听了点点头。

慢慢地，大家都知道了张力的“家教”，不敢跟他玩了。而张力的脾气也越来越暴躁，动不动就想打人，有时候在家控制不住自己，还会跟爸爸妈妈动手。可张力的爸爸妈妈却根本没意识到这是一个多么严重的问题。

为人父母，谁都不希望自己的孩子受人欺负，但是不能鼓励孩子好勇斗狠，更不能去欺负别人。所以父母应该正确认识跆拳道这一项运动，让孩子真正地热爱这项运动，用以强健体魄，而不是以此为工具，把孩子培养成一个蛮横无理的人。

跑步，可以陪伴孩子一生的运动

在适合孩子的运动项目中，跑步绝对是一项不可错过的运动，这项运动对客观条件要求低，只要孩子愿意，随时随地都可以跑一跑锻炼自己的身体。跑步不仅能够锻炼心肺功能，让孩子的身体更健康，而且跑步运动后的畅快感还能让孩子心情愉悦，对孩子专心学习很有益处。

盛阳是一个十足的小胖子，10 岁的年龄已经快要一百斤了。生活中，他最大的爱好就是吃东西，看见食物就非常开心。每天放学回家，完成家庭作业之后，他就开始坐在沙发上吃东西。因为太胖，他经常困倦，在课堂上也打瞌睡，学习效率非常低。每到周末，他总要睡到日上三竿才起床。看着他终日慵懒的样子，妈妈特别发愁。

一天，妈妈想了一个好方法，她对盛阳说："儿子，妈妈最近感到身体很不舒服，医生让妈妈多运动一下，所以我打算每天早上跑步半小时。"

"妈妈，你不要紧吧？"

"没事的，医生说运动运动就好了。"

“那你就运动吧。”盛阳说道。

可这时妈妈却面露难色地说道：“我自己跑步太孤单了，怕是坚持不下来，你能每天陪我跑吗？”

盛阳心里虽说有一万个不愿意，但他是一个孝顺的孩子，于是硬着头皮答应了。

起初的几天，盛阳过得格外艰难，早起床、多运动，每一样对他来说都是巨大的挑战，可为了妈妈他始终没有放弃。再后来，他养成了习惯，也就不感觉那样难受了。

现在的盛阳，每天早上精神百倍，上课的精神状态也明显好了很多。跑步燃烧了脂肪，他成功地减重了，这让他更加自信、快乐，整个人的生活状态发生了颠覆性的变化。

应该说，上面案例里妈妈的做法未必对其他孩子奏效。那么父母该如何让自己的孩子爱上跑步呢？最简单的做法就是潜移默化地去影响。父母坚持每天跑步，无论春夏秋冬、严寒酷暑始终不间断，慢慢地，孩子也会对跑步产生兴趣，进而去尝试。另外，父母还要刻意引导孩子学习一些跑步知识，让孩子科学锻炼、健康跑步，不能乱跑和瞎跑，那样还不如不跑。

马克的妈妈是一位跑步爱好者。她参加了一个跑步团队，每天早上都会跑十几千米。除了极其恶劣的天气之外，她的团队活动从不间断。为了让家人也爱上跑步，妈妈总是动员爸爸和马克也跟着跑一跑，可是他俩却没有太大的兴趣，后来妈妈也就不再强求了。

一天，马克看了一篇报道，说美国有着浓浓的运动氛围，很多孩子从两三岁开始就要学习一两项运动,再大一些的孩子会加入各种运动队，甚至进行专业的训练，参加比赛。在运动方面，父母非常支持孩子，经常会陪着孩子跑步、游泳、爬山、踢球……这时，马克想到了每天坚持跑步的妈妈，于是就想：运动真的有神奇的魔力，让人如此喜欢吗？

自从产生了这样的疑问以后，马克开始认真地关注妈妈：妈妈每次跑步结束都很愉快，精神状态也非常好。后来，马克对妈妈说他自己也想去试试，妈妈很高兴地答应了。

第二天，马克跟着妈妈的团队出发了。这个早晨，他有了不一样的体验，感觉整个人神清气爽，虽然身体很累，心情却很放松，就连课堂上的表现也更积极了。

跑步对人的身心健康有益是毋庸置疑的，它还是其他运动的基础，所以父母为了孩子的健康成长应该培养孩子爱上这项运动。当然，父母要特别注意适度，不能让孩子过度锻炼。父母在陪伴孩子的过程中，要根据孩子的年龄特点和身体发育情况给孩子制订出正确的跑步计划，循序渐进，这样孩子才更容易爱上跑步，长期坚持下去。

跳绳，和孩子一起跳起来

一直以来，跳绳都被拳击运动员所青睐，以此当作训练灵活与速度的手段。对于孩子来说，跳绳也是一项非常不错的运动，是体育课上经常进行的运动项目。

跳绳对孩子的好处有很多，它需要手脚一起来协调运动。通过跳绳，不仅能够起到锻炼身体的作用，还可以锻炼手脚的协调性，平衡孩子左脑和右脑的协调发展，使孩子节奏感更强。

小霞是家里的“小公主”，从小在家人的怀抱中长大，经常是爸爸妈妈抱完，爷爷奶奶接着抱。小霞大了一点儿，开始学走路了，总是摇摇晃晃走不好，因此为避免她摔跤，家人去哪里都是抱着她，很少让她自己走。有时候，妈妈会说：“这孩子走路总是东倒西歪的，协调性不好，应该多让她走走。”可是爷爷奶奶心疼孙女，总说：“孩子还小，慢慢长大就好了，现在老自己走，万一走坏了腿怎么办。”

不知不觉中，小霞已经成了一名小学生，可她的身体协调性仍旧不好，走路经常被绊倒，只要有障碍物就不会灵活地躲避，为此妈妈可发愁了。后来她知道跳绳可以增强身体的协调性，于是决定让小霞多练习练习跳绳。她告诉小霞，跳绳简单易学，而且塑造形体，这一下子就吸引了这个爱美的小姑娘。

起初，小霞总是会被跳绳绊到，可慢慢地，她跳得越来越好，手脚的协调性增强了。不仅如此，她还参加了学校校庆的花式跳绳表演，真让人眼前一亮呢。

跳绳是一种很好的有氧运动，如果孩子每天坚持跳绳，就能提高身体的免疫能力，不容易生病。另外，跳绳还能够促进孩子骨骼增长，帮助体重超标的孩子控制体重，达到减肥的效果。

小婷是一个胖胖的矮个子女孩，再加上性格内向，经常会被其他的同学嘲笑。在学校，同学们给她取了一个绰号叫“小胖墩”。这让小婷幼小的心灵极度受伤。慢慢地，小婷不愿意跟那些同学玩了，每天就待在家里自己玩。妈妈好几次鼓励她出去，可她就是不出去，妈妈也只好不再勉强。

看着小婷自己在家很无聊，妈妈就给小婷买了一根跳绳，让她无聊的时候就到院子里去跳。小婷很喜欢，因为自己在家实在是太无聊了，跳绳既可以锻炼身体，又可以打发时间。慢慢地，她就爱上了这项运动，只要有时间就会去跳。因为跳绳越来越熟练，小婷还研究出很多新奇的跳法，并为此乐此不疲。

第二年“六一”儿童节，在班级节目的征选中，小婷报名了花式跳绳并入选。当天，在宽阔的操场上，小婷跟着大家一起轻快地跳着，同学们这才惊奇地发现，之前的“小胖墩”不知从什么时候消失了，现在的小婷身材修长苗条，早已发生了蜕变。

表演结束后，很多女同学将小婷团团围住，问道：“小婷，你什么时候学的跳绳啊，跳得这么好？”

“对呀，你现在长高了，也变瘦了。”

……

听着大家七嘴八舌地问着，小婷都来不及回答了，她说：“我也没有刻意干什么，可能就是每天跳绳的缘故吧。”这下，女同学们更来了精神：“那你以后教教我们跳绳吧。”

“没问题，大家组个队一起跳好了。”小婷开心地回答。

跳绳简单易学，也不用什么投资，对于孩子来说，的确是一种很好的锻炼方式。父母闲暇时，不妨带着孩子到小区、公园或者其他开阔的地方跳一跳，在运动上和孩子同步，有了共同话题，才能更好地深入他的学习和生活。

第七章

小学六年，很多问题出在细节上

培养一个孩子，父母费尽了心血，渴望孩子成为优秀的人、有用的人。但是很多时候都事与愿违，很多父母怎么也想不通：为何我费尽心力培养自己的孩子，他却不按照我的想法发展呢？其实很多问题出在细节上，细节决定成败。孩子在成长过程中有许多细节需要父母格外留意，如果在这些细节上没有做好，那么孩子的成长就会偏离预期轨道。

撒谎是孩子对父母教育方式的回应

撒谎是孩子成长过程中比较常见的一种现象，但父母们的态度各不相同。有的父母认为，孩子在成长的过程逐渐有了趋利避害的思想，撒点小谎无伤大雅，不必太过认真；有的父母则认为撒谎是品质问题，这对孩子未来的成长有很不好的影响。事实上，撒谎确实是一种不好的现象，虽然对于孩子的撒谎问题，作为父母不能站在人品的高度上去批判，但也必须重视起来，以免孩子形成不健康的人格。

最近一段时间，妈妈发现芳芳的文具损坏率非常高，不是尺子断了，就是钢笔丢了，总之每天都有新东西要买。起初妈妈并没有太在意，要多少钱就直接给芳芳了。后来，芳芳要的钱越来越多，妈妈就开始有点担心了。妈妈问："芳芳，你最近怎么总是丢三落四的？"

"我也不知道，总之就是丢了。"

"在学校里没有什么事情吧？"

"没有，妈妈，确实是我弄丢了。"

"那你以后能不能看好自己的东西呢？"

"我会的。"芳芳如愿地又得到了钱。

一天，妈妈心血来潮给芳芳整理文具盒，发现自己很久之前给芳芳买的笔还在，根本就没有丢。这下妈妈意识到芳芳是在说谎。等芳

芳从外面回来的时候，妈妈直接问："芳芳，这支笔是妈妈给你买的，你不是说丢了吗？"

"对呀，丢了，可是我又找回来了。"芳芳支支吾吾地说。

"那你要钱买的新笔呢？"

"嗯——嗯——新笔又丢了。"芳芳又说了一个理由。

"妈妈再给你一次机会，你说要钱买什么了？"

"好吧，妈妈，我撒谎了，我用那些钱买零食吃了。"

"你想买零食可以直接和妈妈说明，为什么要撒谎骗钱呢？"

"你总说那些零食对身体不好，我跟你说了以后，你肯定不让我买。"芳芳说道。

于是妈妈告诉芳芳，无论什么时候都不能撒谎。因为一旦开始撒谎，很可能就会养成爱撒谎的习惯，这是一个不好的现象。总撒谎的人很难得到他人的信任。芳芳知道了撒谎不好，向妈妈保证，以后绝对不撒谎了。

孩子撒谎看似并不要紧，但如果放任下去，孩子长大后也会习惯性地撒谎，长此以往周围的人都会远离他，从而影响人际关系的展开，对他个人发展会起到极大的阻碍作用。所以父母不能因为一时对孩子的放纵，毁掉孩子的未来生活。

当然，发现孩子撒谎时，父母不能一味埋怨孩子。很多时候孩子撒谎是对父母教育方式的回应，这时父母不仅要告诉孩子不能撒谎，还要改正自己的教育方式，以免孩子的撒谎行为升级。

有位姓王的妈妈最近发现，自己的宝贝女儿涵涵总是撒谎，于是狠心教训了几次，但这样做不仅没有效果，反而让孩子说谎的程度升级了。

涵涵喜欢挑食，妈妈觉得这样不利于她的身体健康，于是每天强迫她吃菜。一天，涵涵把自己不喜欢吃的菜倒进了马桶冲走了，妈妈看见了，可涵涵就是不承认，气得妈妈脸都白了，直接给了涵涵一个大巴掌。涵涵哭闹了一番，然后回到自己屋里去了。妈妈以为经过这次的事情，涵涵一定不敢再撒谎了。然而她想错了，几天后，她发现涵涵每次都说菜吃完了，其实是趁她不注意把菜倒进了塑料口袋，然后装在书包里带到外面扔掉了。

后来朋友劝说这位妈妈不应该这样强迫涵涵，否则涵涵只能被“逼上梁山”了。想让她不撒谎，只能慢慢教导，强行压制是不行的。

作为孩子，他们一方面被教育不能说谎，另一方面却常常因为说了实话而遭到责罚。正因为有了这种矛盾的心理，孩子才会趋利避害，用撒谎作为手段来免于责罚。所以父母发现孩子撒谎时，一定要冷静对待，不能冲动之下给孩子贴上爱撒谎的标签，伤害孩子的自尊心，而是要耐心地引导孩子，告诉他们撒谎对自己成长的负面影响，帮其改掉撒谎的毛病。

孩子擅自拿家里的钱怎么办

在给孩子钱的问题上，不同的父母有着不同的态度。有的父母大大咧咧，满不在乎，只要孩子要钱，就会给；有的父母认为不能让孩子养成乱花钱的习惯，所以要也不给；还有的父母把给钱当成是控制孩子的工具，只要孩子听话就给……由于处理不好这个问题，又引发了很多相关问题，而最典型的就是孩子擅自拿家里的钱，这让许多父母感到苦恼。

事实上，孩子擅自拿家里的钱，一方面是自己认识不清，认为拿自己家里的钱花没什么；另一方面则是因为父母对孩子的零花钱管控太严格，孩子又有需求，就只能私自去拿了。遇到这种问题时，父母一方面要告诉孩子不能擅自拿钱，另一方面则要审视自己的教育方式，先改变自己不正确的观点。像上面提到的几种父母对待给孩子钱的问题的态度，都是有问题的，父母需要根据不同的情况，具体来分析这个问题。

丽丽很小的时候，爸爸妈妈就外出打工了，她由奶奶一手养大。尽管如此，妈妈和奶奶的关系并不好。

上小学了，爸爸妈妈把丽丽接到他们的身边，从此不跟奶奶生活在一起了。奶奶的生日快到了，丽丽想跟妈妈要钱给奶奶买件礼物，可是无论她怎样说，妈妈就是不给钱，于是，丽丽就偷偷从妈妈的钱包里拿出一百块钱。纸终究包不住火，妈妈很快发现少了一百块钱，于是追问到了丽丽的头上，没办法，丽丽只得承认。这下可不得了了，妈妈好像火山爆发了一样，对丽丽连打带骂，说她是个“狼崽子”“小偷”。

被妈妈打骂一顿之后，丽丽的情绪一下子变得低沉了，她心里懊悔、害怕，渐渐不喜欢跟人沟通，也不想跟同学们玩耍了，就连上课也无法专心听讲，从此学习成绩一落千丈。

父母在处理孩子擅自拿家里钱的问题时，一定要谨言慎行，否则一不小心就会伤害到孩子。如果父母不问青红皂白，就给孩子贴上“偷”的标签，那可能会给孩子造成不可逆的心理伤害。相反，如果父母能够好好地跟孩子讲道理，耐心引导，可能会产生另一种结果。

小红的同学要转学到其他城市了，大家都很舍不得他。小红想买件礼物送给他，可同学是个男孩，她觉得告诉妈妈的话，妈妈一定不会同意，说不定还会因此而盘问一番，于是她就偷偷从妈妈的钱包里拿了一些零钱，给同学买了礼物。但妈妈很快就发现了。在妈妈的询问下，小红只得说出实情。虽然妈妈对小红擅自拿钱的行为很生气，但是为了不伤害孩子，她还是平心静气地说：“你是一个重情义的孩子，给同学送件礼物是应该的。不过你要钱应该跟妈妈说。”

“可我怕你不同意。”

“你还没说怎么就知道我不同意呢？再说，不管同不同意，你都应该跟我说一声。”

看着小红疑惑的眼神，妈妈解释道：“钱包是我的，如果你没有经过我的允许从里面拿了钱，可以被认为是偷。不过你现在还不太明白，所以妈妈并不怪你。宝贝，你要记住，如果你有合理的理由需要用钱，妈妈一定会给你的。”

听了妈妈的话，小红自知做错了事情，于是表示不会再有下次了。从那以后，小红每次跟妈妈要钱都讲得清清楚楚，再也没有擅自拿过钱。

同样的事情，不同的态度，对孩子的影响也是不同的。所以父母在教育孩子的过程中，一定要有爱心和耐心，还要有智慧、有方法。就像上面案例中的妈妈一样，既纠正了孩子的错误，又完善了孩子的自我认识和道德观，远比通过暴力让小红“长记性”来得好。

说脏话的孩子只是在模仿

当人愤怒、生气或者是激动时，容易说脏话，这叫情绪发泄。虽然有时候脏话说出来让人感觉很有“力量”，但它却是有伤大雅的话，往往是一个人缺乏素质的表现。孩子受环境的影响，很可能会学到脏话，并且运用到实际中。然而孩子的是非观念还不清晰，很多时候他们说脏话只是在模仿别人的样子，但对脏话的内容并不了解，所以当孩子说出脏话时，父母不能有过激的反应，而应耐心地引导他们，让他们知道说脏话是一种不好的行为，不仅会伤害到别人，也会影响到自己。

下课了，文文跟几个同学在操场上玩。他们互相打闹着，追逐着。同学小楠一不小心打到了文文的眼睛，文文生气了，一边捂着流泪的眼睛，一边大声骂。

“我打到你了是我的不对，可是你怎么能骂人呢？”小楠也生气了。

“我骂你怎么了，谁让你打我呢？”

“我回家告我爸去，让他来收拾你。”

“你爸算个老几呀，我才不怕呢！”

说着两个人就扭打在了一起。后来有同学向老师报告，文文和小楠都被叫到了办公室。

小楠委屈地说：“老师，我是不小心打到他的，可是他骂脏话。”

“老师，我是气急了才骂脏话的。”文文也觉得委屈。

后来，在老师的耐心调解下，两个人互相道歉和好了。老师对文文说：“骂脏话是很不礼貌的行为，很容易伤害他人的情感，如果你总是骂脏话，同学们还会喜欢跟你一起玩吗？”

“老师，我也是听见别人说好奇才说的，我以后不说了。”文文很后悔地说道。

“嗯，知错就改就是好孩子。”老师说道。

孩子受环境影响不可避免地会说脏话，如果孩子说脏话，父母该怎样应对呢？通常情况下，当父母听见孩子说脏话时，反应都是很强烈的，如“谁让你说脏话的，再说小心我揍你”“你说的这是什么话，这么难听怎么能说出口呢”，然而这种严禁和命令往往并不奏效，甚至父母越三令五申不许说，他们说得越来劲，这是为什么呢？其实，当父母因为孩子的脏话而暴跳如雷时，孩子就找到了点燃父母情绪的法宝，当他们感到无聊的时候，就会用脏话来刺激父母，从中寻找快乐和刺激。

郑东的爸爸妈妈每天非常忙碌，即使晚上回到家也各自忙着自己的事情，因此他们很少有时间跟郑东交流。他们对郑东的陪伴，不过是每天早送晚接，见见面而已。有时候郑东想跟他们说说话，可是总是被“自己玩去吧，我忙着呢”给堵回来。

一次，郑东跟同学打电话，男孩间放肆地聊着，时不时就会蹦出一两句脏话来。当他还打着电话时，就已经感觉到了爸爸妈妈的愤怒。果然等他一挂电话，爸爸妈妈就迅速围过来，一顿劈头盖脸的数落，一阵义正词严的质问。他们好像已经好久没有在家说过这么多话了，虽说郑东是在挨骂，可心中却有些小小的窃喜，因为爸爸妈妈终于意识到了他的存在。

这天过后，郑东就掌握了爸爸妈妈的“软肋”，于是无聊的时候，他就跟同学聊天，说上几句脏话，这时爸爸妈妈瞬间就会关注到他。

有时候，孩子说脏话并不是学坏了，只是在求关注而已。所以当孩子说脏话的时候，父母做出强烈的反应反而会强化他们说脏话的欲望。这时，父母最直接的反应应该是用平静的语气告诉孩子要做一个讲文明、有涵养的孩子，而不是做一个粗俗的人。这样孩子就会觉得自讨没趣，也就不会再继续说下去。当然，如果父母了解孩子的内心，就要给予一定的关怀，以免孩子长时间得不到关爱而真的养成说脏话的习惯，最终成为一个没素质的人。

除此之外，父母在陪伴孩子的过程中，要给孩子树立好榜样，坚持做到自己不说脏话，还要关心孩子的活动环境，禁止他跟一些爱说脏话的孩子玩耍，或者是看一些语言不文明的动画片等，这样也能在一定程度上避免孩子说脏话。

一部手机足以毁掉孩子的未来

在现代生活中，手机已经成为人们必不可少的工具。随着它的功能日益强大，人们越来越依赖它，好像它存在一种魔性，使人为之着迷。如今，不仅仅是大人难以离开手机，就连很多孩子也沉迷手机无法自拔。沉迷手机，对孩子的危害是巨大的，一部手机足以毁掉一个孩子的未来。

因为上网课需要，露露开始用上了手机，这下可不得了了，她好像发现新大陆一样爱上了手机。过去她觉得手机的功能无非就是通信，可现在她才知道，但凡是你能想到的东西，手机里都有，刷视频、购物、上课、打车、叫外卖……所有事情都毫无压力。尤其是里面还有各种各样的小游戏，让她无法自拔。

每当爸爸妈妈不注意，露露就跳出学习的页面，开始玩游戏。因为长时间保持一个姿势，她常常觉得自己的脖子有些僵直、酸痛，活动缓解之后，她又继续玩起来。后来，露露经常感到头痛，有时还想吐，于是爸爸妈妈赶紧带她上医院，经过医生检查，露露是因为颈椎病导致的头痛，罪魁祸首就是手机。

这件事情让露露有些害怕了，对爸爸妈妈说自己以后再也不玩手机了。从那以后，除了必要的上网学习，妈妈就不让露露再接触手机了。经过一段时间的调理，露露的颈椎病终于好转了，每每想到头痛的感觉，露露都心有余悸，再也不敢沉迷手机了。

孩子的身体正在发育当中，如果长时间沉迷手机，很可能就会造成不可逆转的身体伤害，特别是孩子的眼睛。所以父母要关心孩子身体健康，就不能太娇惯孩子，如果孩子一撒娇耍混，立刻就把手机给孩子，这种行为是不负责任的。

沉迷手机不仅对身体健康影响很大，对心理健康的影响也不容忽视。当孩子沉迷手机时，他会变得不愿同外界交往，性格可能会越来越孤僻，另外还会伴有记忆力减退、注意力不集中等问题，如果这些问题得不到及时的纠正，严重时可能会导致孩子产生自闭症等心理疾病。

不知道从什么时候开始，奇奇就对爸爸妈妈的手机产生了兴趣，闲暇时总会要过来玩上一会儿。因为时间短，爸爸妈妈并没有太在意，也没有过多地阻止。后来，疫情期间，孩子们需要在家上网课，为了方便孩子学习，爸爸妈妈专门给奇奇配备了一部手机。这下奇奇可高兴坏了，终于有一部完全属于自己的手机了！因为爸爸妈妈工作忙，没有时间陪伴在他身边，奇奇就更有了手机的自由支配权。刚开始，他每天上完课就开始打游戏，玩得不亦乐乎，后来老师讲课时他也不能专心听讲了，满脑子想的都是打打杀杀的游戏画面，有时候会完全沉浸在那个虚幻而美妙的世界中。渐渐地，奇奇的游戏瘾越来越大，干脆上网课时也开始玩了起来。在无人监管的那段日子，奇奇玩得放肆极了，学习成绩大幅度下滑，整个人的精神状态变得越来越差，脾气也变得越来越暴躁，经常会因为一件小事就跟爸爸妈妈大声吵闹。

后来，妈妈发现了奇奇沉迷手机这个情况，开始更多地陪伴奇奇，这才让奇奇从无法自拔的手机中慢慢脱离出来，回归到正常的学习生活中。

通常情况下，孩子对自己的管控力并不够，他们一旦沉迷手机中，就很难自拔。这时父母要细心观察孩子的情况，如果发现孩子对手机非常痴迷，就要及时干预，避免孩子越陷越深。

为了避免孩子沉迷手机，父母要给孩子多一些实质性的陪伴，让他们不会因为孤独而寻求手机的慰藉。父母要告诉孩子手机对身心健康的不利影响，同时自己也要少玩手机，要以身作则地去影响孩子。

从小养成守时的习惯

可能我们经常会听一些孩子刚上小学的家长说："上幼儿园去晚了没关系，现在上小学可不行了，每天得早起啦。"说这话的，大多是一些时间管理比较差的家长，他们时间观念不强，做事情拖拉、缓慢，养成了不守时的习惯。这种生活习惯会潜移默化地影响孩子，给孩子造成不利的影响。

做事情守时是一个人认真负责的表现，对于孩子来说，最起码要做到上学不迟到。首先，当孩子迟到时，会打扰老师正常的讲课秩序，使其他同学的注意力转移过来；其次，孩子迟到会错失老师讲的知识点，很可能接下来的整节课他都无法进入状态，影响学习。

小旭的妈妈是一个做事马虎大意、喜欢拖拉的人。在她的影响下，小旭也养成了遇事不紧不慢的性格。一天，妈妈忘记了上闹钟，结果一睁眼已经 7 点半了。“完了，要迟到了！”妈妈着急地喊起来。小旭看上去却不慌不忙，洗脸刷牙之后，穿衣服还磨磨蹭蹭的，在妈妈不停的催促下，才出了家门。等来到学校时，已经上课 10 多分钟了。

“报告！”小旭在门口高声地喊了一声。老师和同学们的目光齐刷刷地落在她的身上，在大家的注视下，小旭坐到了自己的座位上。她感觉脸上热辣辣的，当时真恨不得找个角落躲起来。她坐下后，老师接着开始讲课，而小旭的心还扑通扑通跳个不停。再加上老师讲的是新知识，所以她也有点儿跟不上老师的节奏，就这样，一节课在恍恍惚惚中结束了。

放学回家后，小旭的家庭作业完全不会做，她越想越难过，后来干脆哭了起来。这时妈妈安慰她说："别哭了，咱们以后争取不再迟到了好吗？"小旭点了点头。虽然之前小旭也总迟到，但每次都是晚一两分钟，并没感觉到什么，可这次迟到太久了，她自己也被吓到了。经过这件事情，小旭认识到了上学迟到的坏处，暗自下决心，以后一定要改掉这个坏习惯。

上学迟到看似是一件小事，有些父母甚至认为把错过的知识再补一下就可以了，但实际上它对孩子产生的影响是深远的。遵守时间，对孩子来说是一种好习惯，对他交往的人来说也意味着一种礼貌和讲信用。所以，每一位父母请从现在开始认真培养孩子遵守时间的好习惯，让他成为一个守信用、让人乐于结交的孩子吧。

元元的爸爸妈妈常年在外地工作，元元和奶奶在一起生活。奶奶非常宠爱她，凡事都由着元元的性子来。元元上小学了，需要每天早起，这可愁坏了奶奶。上幼儿园时，入园时间要求并不严格，一般情况下元元都是睡到自然醒才去的，所以她养成了迟到的习惯。刚上小学那段时间，元元几乎每天迟到，老师强调了无数遍，可一点儿效果没有。

学校要举办迎新生联欢会，临时决定让一年级的小朋友演节目。得到这个消息后，同学们都跃跃欲试。于是学校特意拿出一点儿时间让孩子们表演，然后选出合适的节目。因为时间很紧，学校只留出了半小时的报名时间，之后就不再接受报名，并且通知报名时间为第二天早上7点。

元元也很想上台表演，可是第二天她却再次迟到了，错过了报名时间，这让她非常懊恼，于是坐在座位上伤心地哭了。这时老师走过来对她说：“元元，别难过了，以后还会有机会的。”

“可是我很想表演。”

“但是你迟到了呀。有些事情错过机会就没有了，这就是我们要养成守时的好习惯的原因。”

有了这次的教训，元元认识到了自己的问题，以后上学很少迟到了。元旦晚会上，老师特意给了元元一个上台表演的机会，作为元元改正迟到坏习惯的奖励，元元为此开心极了。

如果孩子还没有养成好的起居习惯，千万不要认为这是无关紧要的小事，这其实是一个足以影响孩子一生的习惯。父母要教育和引导孩子做事情守时，不做懒散拖拉之人。当然，父母要想取得好的教育效果，还要以身作则。父母是孩子最好的老师，如果父母经常日上三竿才起床，上班天天迟到，干活拖拖拉拉，孩子耳濡目染，想要养成守时的习惯就很难了。

发现偏科苗头要纠正

小学是教育的初始阶段，各个学科都是基础学科，都是在为以后的学习打基础。如果孩子对某一学科表现出不感兴趣，或者是不愿学习，有偏科的现象，那么他的基础就不全面，这对未来学习的影响是无法估量的。

偏科的危害显而易见，孩子在不喜欢的学科上产生知识缺陷，势必影响学习的全面性，长期这样下去，就会影响之后的中考、高考，进而改变自己的人生轨迹。所以父母要帮助孩子改正偏科这一现象，一旦发现苗头，就及时进行纠正，让孩子重新回到全面发展的道路上。

小刚是一名三年级的学生。他喜欢学数学和英语，对语文丝毫兴趣都没有。因为爱学数学，所以他在数学学习上的主动性非常高，数学成绩在班里总是名列前茅。可是他的语文成绩就不太尽如人意了。为了纠正他的偏科现象，妈妈决定要好好地跟小刚谈谈。

“儿子，你告诉妈妈，为什么你的语文成绩总是赶不上数学呢？”

“我不喜欢学语文。”

“为什么呢？”

“语文每次都要写那么多字，太累了。相比而言，数学和英语要简单得多。”

“学习要不怕苦不怕累才行，不能因为怕累就不学呀！”

“妈妈，我的理想是长大当数学家，所以语文少学一点儿就行了。”

“你的理想很好，可你的想法是错的。你想过没有，如果你不好好学习语文，将来你连好的初中、高中都上不了，怎么考大学，怎么当数学家呢？”

小刚不说话了，他从来没有想过这个问题。

“即便你当上数学家了，一点儿语文功底也没有，你该怎样写论文、做报告呢？所以学好语文对数学也是有帮助的。”妈妈接着说道。

这次谈话让小刚认识到了偏科的危害，渐渐地不那么排斥语文了。

一般来说，孩子对于自己喜欢的学科，注重研究学习，即使有困难也愿意挑战，从而能够取得不错的成绩。但是对于自己不喜欢的学科，孩子往往会将其看成一种负担，即使短短一节课时间，他们也无法安心听讲，所以对老师讲的知识并没有很好地吸收，从而导致学习成绩不佳。因此，父母想要帮助孩子纠正偏科的现象，就要想办法培养孩子的兴趣，从而改善偏科现象。

小东是一个四年级的学生，因为在上小学之前从没有接触过英语，所以他对英语并不感兴趣。自从上了小学有了英语课程开始，他就非常排斥英语，偏科现象很明显。为此，妈妈和老师跟他沟通过很多次，但始终没有什么效果。小东不仅不为自己的偏科发愁，还笑嘻嘻地说："我是中国人，学好语文和数学就可以了，对外国人的话实在不感兴趣。"

对于他的偏科现象，妈妈始终觉得是因为没有语言环境，于是专门给他报了一个英语俱乐部，里面有很多外教，大部分时间都是陪着孩子们玩，在玩耍中培养孩子对英语的兴趣。

刚去俱乐部的时候，小东一下子就蒙了。俱乐部里有很多小朋友年龄比他还小，可人家英语说得非常流利，大家一起做游戏，玩得非常开心。小东很想参与进来，可是他不知道该如何跟其他人交流，只能不知所措地站在那里。后来老师把他介绍给大家认识，大家才一起玩了起来。从那时开始，小东对英语的态度大为改观，强烈的交流欲望促使他开始好好学习英语。后来在老师的帮助下，小东的英语成绩终于缓步提高了，他学习英语的兴趣也越来越浓厚了。

父母都希望自己的孩子能够全面发展，所以从孩子小学开始就要正确引导孩子，避免偏科。如果孩子已经出现了偏科的苗头，父母不要着急，最重要的是要让孩子意识到偏科的危害，让他自己产生要提高成绩的意愿。所以，父母要及时给予孩子鼓励，陪他一起想办法，根据他的实际情况进行纠正，这样才能让孩子保持各科平衡，获得好成绩。

发现畏难心理要鼓励

初生牛犊不怕虎。孩子们在小时候，对什么都无所畏惧，因为他们还不懂得害怕。随着年龄的增长，孩子的思想越来越复杂，渐渐懂得了害怕，这时畏难心理就产生了。当孩子表现出胆怯时，大部分是源自他们心底的不自信和对未知的恐惧。这时，身为父母，要给予孩子最大的鼓励，帮助他们战胜恐惧，勇敢地迈出去。很多时候，畏难只是孩子心中的一道坎儿，只要跨过去，前面的路就没有他们想象的那样艰难了。

为了提升小学生的体能素质，学校专门给孩子们开设了轮滑课。雨雨听到这个消息既开心又担心。他热爱运动，只要能让他动起来他就非常开心，但他知道自己的平衡力不好，担心在那几个轮子上站不稳，要是摔跤了该怎么办。

开始的几节课，老师教了大家怎样正确穿鞋、穿护具，又教了基本的滑行技巧，并且嘱咐孩子们回家多练习。放学回家后，雨雨拿着自己的轮滑鞋就出门了，爸爸紧跟在他的身后，以便必要时给他一些帮助。

在公园的广场上，雨雨找了一块空地，开始穿鞋穿护具，然后就小心翼翼地开始滑了。公园里的人真多，雨雨心想：我平衡力不

好，可千万不能摔跤，否则可就真的丢人了。他这样想着，就分神了，前面一个小石头垫了一下他的轮滑鞋，他打了一个趔趄，还没等爸爸上前来扶就摔倒了。

从这次后，雨雨心中就更加害怕起来，生怕再次摔倒。有了这样的心理暗示后，他就开始不停地摔，最后干脆脱掉鞋子准备回家了。他说："爸爸，我不想练了，我可能真的学不会，你跟老师说说行吗？我真的不想再练了。"

可是爸爸并没有责怪他，反而鼓励他说："你之所以老是摔跤，是因为你总是认为自己会摔，这样消极的心理暗示自然是不好的。我们是男子汉，可不能被困难吓倒，只要你敢于挑战，就一定能学会的。"

在爸爸的鼓励下，雨雨再次站起来向前滑去，这次他内心平静了，身体也平稳了不少，滑起来也顺畅了很多，再没有摔倒过。临回家时，雨雨很高兴地对爸爸说："爸爸，我觉得我学轮滑应该没有问题了。"

当孩子说出"我不行""我不敢"等负面词汇来表达自己想要放弃的意思时，父母要耐心地陪伴孩子，用鼓励的话语和一些具体的方法，感同身受地帮孩子克服恐惧心理。如果这时父母对孩子大声呵斥，或者漠不关心，甚至冷嘲热讽，只会加重孩子的害怕情绪，更难以克服困难，战胜自己。

"五一"假期，妈妈带着乐乐到外地游玩，走到一个广场上的时候，看见一个家长正在给自己的孩子录跳舞视频。这个广场视野开阔，风景优美，拍个视频发朋友圈一定很棒，于是妈妈就对看得很起劲儿的乐乐说："乐乐，你也跳一段自己学过的舞蹈，妈妈给你拍下来。"可是乐乐十分害羞，摇了摇头，准备扭头离开。妈妈一把拉住了她，鼓励她说："走什么呀？你看这里多美呀，你就随便跳上一段吧。"

可乐乐还是十分抗拒，一直在说："我不行，我跳得没有她好。"

"没事的，随便跳就行。"

"可是妈妈，真的不行，我怕我跳不好。"

这时，妈妈突然脸色变得严厉起来，大声说道："看你那点儿出息！跳个舞而已，有什么难的？"

听了妈妈这句话，乐乐一下子涌出了泪水。妈妈紧接着又说：

“还说不得了，你还委屈了，有什么好哭的！既然你不愿意跳，那以后都别跳了，我回去就给你把舞蹈班的钱退了……”

听了这些，乐乐哭得更厉害了。

事实上，孩子因为害怕自己表现不好，从而产生畏难心理是很正常的现象。但是乐乐的妈妈不站在孩子的角度去想，反而大声斥责她，这对孩子的打击无疑是巨大的。乐乐的妈妈不明白，当孩子表现出畏难心理时，父母首先要表示认同孩子的害怕，给孩子退缩的权利，用足够的耐心和细心陪伴孩子一起去适应，然后寻找畏难情绪的根源所在，最后采取合适的办法帮助孩子面对和克服恐惧，从根本上消除孩子的畏难情绪。

第八章

孩子小学六年，父母任重道远

小学6年，为了孩子健康成长，父母需要付出很多，任重而道远。父母不光要在孩子的饮食穿着上照顾好孩子，更要在孩子的心理成长上时刻引导孩子，让孩子积极向上、健康阳光。

以身作则，做孩子的好榜样

大教育家孔子曾说：“其身正，不令而行；其身不正，虽令不从。”这句话告诉我们，教育孩子的时候，父母要做孩子的好榜样，即便不告诉孩子这件事怎么去做，他也会以你为榜样，做好该做的事；如果父母的品行不端，即便你强行命令孩子去做好事，他也不会服从。

父母每天早早起床，为孩子准备早饭，在孩子写作业时坐在旁边看书，孩子就会学着你的样子，好好学习，作息规律；父母每天睡到日上三竿，每天抱着手机刷视频，却命令孩子赶快起床、好好上学、努力写作业，孩子会听你的吗？

小策上四年级了，是班里的学习委员，他一直把学习当成一种乐趣，每次考试基本上能拿满分。但是最近一段时间，小策的学习成绩却在直线下滑，上课也不认真听讲了，老师感到很奇怪，就问小策是怎么回事。

小策说：“我也不知道爸爸妈妈最近一段时间怎么了，他们不像以前那样每天辅导我做作业了，而是每天都拿着手机，一直在那里打游戏，有时候他们还坐在我身边，那打游戏的声音太吵了，我实在没有心思学习。”接着小策又说：“爸爸妈妈晚上也玩游戏，一直玩到很晚才上床睡觉，我也睡得很晚，因为没有人辅导，我要查资料，一查就查到很晚。”

老师发现，小策这几天的学习状态的确不好，还总是犯困。放学后，老师和小策的爸爸妈妈沟通了一下，爸爸妈妈答应得很好，但回到家之后，他们就又控制不住自己了，继续玩着游戏。小策看到有一部闲置的手机放在那里，在好奇心的驱使下，他也开始玩起了游戏，这一玩不要紧，从此，小策也迷恋上了游戏。

迷恋上游戏的小策再也无心学习了，他每天就只想着玩，成绩一直退步，甚至退到了全班倒数第一名。

父母是孩子在这个世上的第一任老师，其一言一行都直接影响着孩子。在孩子面前，父母一定要注意自己的言行举止，为孩子做好榜样，这样孩子才能学着父母的样子，严格要求自己，不断进步。

林林的爸爸妈妈都是大学老师，他们一直都严于律己，在孩子面前注重自己的一言一行。林林受爸爸妈妈的影响，在班里的学习一直名列前茅，即便如此，她学习依然非常努力，经常得到老师的夸赞，是班级所有同学学习的榜样。

林林的爸爸妈妈都很喜欢学习，每天他们回到家都会给林林讲他们专业领域成功人士的故事，让林林向优秀的人学习。爸爸妈妈在家的时候，总是在备课、查阅资料，有时也写论文；空闲时，会辅导林林做作业，和林林一起讨论书上的内容。

林林受爸爸妈妈的影响，也很喜欢看书，她的房间里堆满了书，没事的时候她就喜欢待在房间里。林林很喜欢看爸爸妈妈努力的样子，她经常学着爸爸的样子，在电脑前查资料。她很喜欢家里的那种学习氛围，很温馨。爸爸妈妈经常和林林说：“林林，在学校里要听老师的话，学习上有疑问，一定要及时解决，不要拖拉。”林林谨记爸爸妈妈的话，从不怠慢。

因为有爸爸妈妈做榜样，林林的学习成绩一直很好，每次考试都在学校前三名。

孩子都善于观察，洞察力很强，他们的模仿能力也超乎想象。因此父母要做好自己，不管是在平时还是在孩子面前，都要做榜样。如果父母的品行不端正，那么教育出来的孩子多半也会品行不端；如果父母处处以身作则，为孩子做好榜样，孩子就会在无形中被感染，时时处处、心心念念，都在想成为父母那样的人。

精心调配，让孩子吃得营养又健康

对于正在长身体的小学生而言，每天的一日三餐直接关系着孩子的健康，因此父母每天要尽量精心烹调可口的饭菜，让孩子吃得可口、吃得健康。遇到孩子挑食的情况，父母可以通过变换烹调方式等手段，让孩子摄入全面的营养，保证身体的营养需求。

小丽的妈妈每天早上都为孩子做营养可口的早餐，但最近一段时间，她找了一份工作，没有那么多精力来给孩子做饭了，所以给小丽做早饭时，妈妈只是简简单单地糊弄一下，有时候来不及准备早饭时，小丽就只能饿着肚子去学校。

最近小丽的成绩明显下降，上课时的注意力也不集中，有时候肚子饿得咕噜响，常常伴有头晕、心慌、出虚汗。回到家后，小丽将自己在学校里的表现告诉了妈妈，妈妈很担心。她意识到小丽之所以有这些症状，是因为自己给孩子做的早餐太马虎了。孩子头一天晚上休息，体内的能量和营养素已经消耗了很多，早上需要及时补充早餐，为身体提供营养，当营养跟不上时，小丽就会出现这些反应。

从那天开始，妈妈每天早上都按时给小丽做早餐。不仅如此，妈妈还每天变着花样地做，今天是豆浆，明天是包子，小丽摄入了丰富的营养，身体再也没有出现过异常。

在妈妈的精心照顾下，小丽上课精神百倍，学习成绩也提升了。

父母想要保证孩子吃得营养又健康，首先要为孩子提供营养的早餐。早餐很重要，所以孩子的早餐里牛奶、鸡蛋少不了，它们可以为身体补充充足的蛋白质，还可以搭配小面包、馄饨、米饭等，如果能再加一点儿水果和蔬菜就更好了；午餐要荤素搭配，让孩子摄入充足的营养；晚餐要清淡，最好为孩子准备脂肪少、容易消化的食物。另外，晚饭不能吃太饱，不然容易导致消化不良，还容易让孩子发胖，影响健康。

小钟比别的小朋友长得壮实，抵抗力也强。小家伙之所以有这么好的身体，完全归功于妈妈。小钟很喜欢吃妈妈做的饭，妈妈每天都给小家伙做可口的饭菜，而且一日三餐不重样。

早上，妈妈要保证小钟的体内摄入充足的蛋白质、维生素等营养，会为小钟准备小酥饼、米饭、鸡蛋、面包、牛奶、橙汁等食物，小钟每天都吃得津津有味。

中午，妈妈为小钟准备的大餐总能勾起他的食欲。为保证小钟的体内摄入充足的蛋白质、脂肪、钙等营养成分，和膳食纤维、维生素、矿物质等，妈妈会为小钟准备肉类，或牛肉，或鸡肉，或鱼肉，以及素菜，如豆芽、胡萝卜，菠菜等。妈妈还觉得生活要有仪式感，每天中午至少要为小钟准备三菜一汤。她换着花样做菜，色香味俱全。这样一来，小家伙就更有食欲了。

晚餐，妈妈会做得清淡一些，很少会有肉类，做一些粥、面条、

素馅包子，还会给小家伙准备一些水果，因为她怕孩子吃多了会肥胖。而且每次吃饭之前，她都会提醒小钟要少吃一些，要不然上床睡觉时肚子会不舒服。

小钟在妈妈的精心照顾下，身体棒棒的！

应该提醒一下孩子的父母：很多孩子都喜欢喝酸奶，饭后两小时为最佳喝酸奶时间，不可以让孩子空腹喝，也不能过量饮用；要经常给孩子备好白开水，不要等到孩子口渴了再喝。大部分小学生都喜欢吃油炸食品，父母不要让孩子经常吃，偶尔解解馋为宜，要控制孩子吃零食，不能让孩子把零食当成正餐。

悉心照顾，让孩子少生病

在孩子的成长过程中，最让父母操心的事就是孩子生病了。孩子生病的时候，父母常常整夜整夜睡不着，一会儿摸摸孩子的额头，一会儿看看孩子出没出汗，给喂了感冒药、退烧药、消炎药，还是担心得睡不着。看着孩子难受，焦急的父母恨不得代替孩子生病。父母都希望自己的孩子不受病痛的困扰。而让孩子少生病的最好办法，就是在平时细心地照顾孩子。

可可上幼儿园的时候，总是生病，一生病她就躺在床上，吃不好，更睡不好。再看一旁的妈妈，也担心得茶饭不思，对可可悉心照顾。为此，妈妈询问了有经验的宝妈，问她们如何才能预防孩子生病。妈妈们说，孩子如果是冻感冒的，平时就给她多穿衣服；如果孩子上火了，那就是孩子体内热，这时候就要找医生去咨询一下，然后对症下药。妈妈在照顾可可的过程中，累积了很多经验，她会适时为可可添加或减少衣服，科学调整小家伙的作息时间和饮食规律，及时为可可补充身体所需的营养。妈妈太怕可可生病了，所以，她无微不至地照顾着这个小家伙。

现在，可可已经上小学了，在妈妈的照顾下，她很少生病了，身体棒棒的。天冷的时候，妈妈会嘱咐她多穿衣服，她想吃什么就告诉妈妈，妈妈会用心给她做。如果最近一段时间班里有同学感冒，妈妈会提醒可可佩戴口罩。现在，可可已经不用妈妈时刻提醒嘱咐了，会主动做这些事，而且还会嘱咐妈妈爸爸也要注意身体。她也很清楚一定要照顾好自己，要不然爸爸妈妈会担心的。

可可真是个懂事的孩子。

父母要尽可能地多关心孩子，尽全力为孩子的健康保驾护航。这说起来事无巨细，但有些要点还是可以把握的。例如：

换季时，尤其是天气变冷，要给他适当添加衣服。

晚上睡觉，为了不让孩子着凉，要及时查看，给孩子盖被子。

孩子都贪玩，外出回来时妈妈要时刻提醒孩子洗脸洗手，避免细菌进入体内，导致孩子生病。

有的孩子食欲非常好，看到吃的东西就控制不住自己，所以会一直吃。因此父母要控制孩子的饮食，不能让小家伙暴饮暴食。

父母还应该引导孩子养成良好的生活习惯，作息规律，保证孩子有充足的睡眠，适当的运动，等等。拥有良好的生活习惯，孩子就会有健康的身体。

小玲拥有良好的生活习惯，她的身体也很好，很少会生病，这一切都要归功于妈妈。

小玲每天早上 7 点起床，晚上 9 点准时上床睡觉，中午还会午睡一会儿，这样下午上课的时候就不犯困。因为小玲每天都有充足的睡眠，所以她每天上课的精神状态都很好。当然，一开始小玲做起来很难，但在妈妈的耐心劝导和悉心照顾下，她慢慢就习惯了。

妈妈每天都会精心给小玲准备早餐、午餐和晚餐。早餐她会为孩子准备蔬菜、水果和牛奶，中午会给小玲做她最喜欢吃的肉。小玲的体内获得了充足的营养，免疫力自然就增强了。平时，妈妈还会带她参加一些体育锻炼，如跳绳、踢毽子。每次妈妈和小玲出来运动，小玲都玩得非常开心。

在妈妈的精心照顾下，小玲的身体很好，抵抗力也很强。换季时班上有很多同学都生病，小玲却很少生病，为此，她很感激妈妈。

孩子生病，不但自己难受，父母也很担心，而且更加劳累；同时还会导致孩子无法跟上老师的教学进度，身体恢复后要花很大力气去补习耽误的课程。所以，父母在平时要悉心照料孩子，提高孩子的免疫力，努力减少孩子生病的可能。

耐心陪伴，为孩子答疑解惑

小学阶段的孩子，脑海中总有很多小问号，他们有各种千奇百怪的问题，所以总是缠着爸爸妈妈一个劲儿地问。当他们纠结一个问题时，会打破砂锅问到底。这个时候，作为父母要很有耐心地回答这些问题，满足孩子的好奇心。当孩子遇到烦恼的时候，父母也要关注孩子遇到的问题，倾听他们的诉说，帮他们解决问题。

星期天，天气晴朗，万里无云，爸爸妈妈带着果果去了汽车博物馆。一家人来到博物馆时已经快到中午了。一开始爸爸妈妈先带着果果来到博物馆的空地上，果果在这里遇到她班上的同学，于是两个孩子玩起来。就在孩子玩得正高兴的时候，果果的妈妈突然想起了下午 4 点果果还要上补习班。现在才刚刚中午 12 点，妈妈就着急了，她催促着果果说："果果，不可以玩了，我们要回家了，你下午还要上补习班。"

"妈妈，现在几点了？"果果问。"12 点，但是我们还要回家

准备呢，要不然就来不及了。”果果说：“可是我还没有进博物馆呢，我想进去看看。”妈妈说：“那好吧！不过要快一点儿啊！”

就这样，爸爸妈妈带着果果进了博物馆。果果游览着每一个展区，她有好多问题要问妈妈，她想问这里一共有几层，每一层都有什么。哦，对了，那还有一辆公交车呢，不知道能不能坐。果果刚一开口，妈妈就打断了她：“果果，我们简单地看一下就可以了，等下次有时间，妈妈还会带你来这里的，妈妈答应你。”

妈妈的这句话就像一盆凉水浇在了果果的头上，果果低着头一句话也不说了。今天的出游让果果觉得很郁闷，她暗暗下决心：“我以后再也不来了，妈妈连一点儿耐心都没有，爸爸也一句话不说，真没意思！”

父母对待孩子一定要有耐心，因为耐心是育儿的基本功，也是培养优秀孩子的捷径。如果你对孩子很有耐心，你就会收获很多惊喜。

欣欣生活在一个幸福的家庭里，爸爸工作很忙，平时她和妈妈在一起的时间比较长，她有什么问题都会问妈妈，妈妈每次都会耐心地为她解答。她很喜欢妈妈给自己讲故事，妈妈讲到一半时，只要她对故事中的人物或情节有疑问，就会问妈妈，妈妈总会为她解答。

只要爸爸有时间，就会在家里陪着欣欣。欣欣写作业的时候，爸爸不打游戏、不聊天，也不追剧，他会拿起一本书，坐在孩子身边，一句话都不说，只是安静地陪着欣欣。欣欣可喜欢和爸爸聊天了，尤其是一家人在一起的时候。有时晚饭后，爸爸会和欣欣坐在沙发上，欣欣给爸爸讲在学校里发生的事，当讲到有趣的地方时，一家人都会哈哈大笑。

不过，有时候欣欣也会遇到烦恼，这时她就会把烦心事告诉爸爸妈妈，一家人会共同想办法去解决。有一次，欣欣说自己学习很累，爸爸和妈妈什么都没有说，只是认真聆听，他们觉得欣欣在学校里学习了一天，回到家说出来，孩子的压力也就小了。等到欣欣说完之后，爸爸妈妈安慰了她，然后给了她一个拥抱，欣欣就觉得又有动力了。

欣欣和爸爸妈妈的相处模式一直都是这样，她很信任爸爸妈妈，爸爸妈妈也很乐意和她沟通交流，为她答疑解惑，一家人其乐融融。

耐心是父母给孩子最好的礼物。父母和孩子相处时最重要的就是要控制好自己的情绪。在父母的耐心呵护下，孩子会变得不骄不躁、性格温和，将来走向社会，通常会有不错的人际关系，被更多的人接纳。

留心观察，有问题及时纠正

如果孩子今天做任何事情注意力都不集中，那么做父母的就应该留心观察，看孩子是因为晚上睡觉太晚了还是学习太累了。如果孩子突然心情不好，看到谁都爱搭不理，这时候父母就要耐心地找出他心情转变的原因。如果有一天孩子对父母说谎了，这时候父母就需要先明确他为什么要说谎，再引导他如何改正错误。

小冬是个很活跃的孩子，平时写作业也很积极，学习成绩还不错，经常得到老师的表扬。最近小冬有些骄傲了，马上就要期中考试了，他对身边的人说："这次考试我门门都能考 95 分以上。"小冬的这一切表现都被妈妈看在眼里，妈妈委婉地提醒过小冬，要谦虚，不骄不躁，可是小冬丝毫没有听进去。

期中考试结束后，小冬的成绩出来了，他没有考到预想中的成绩，还有一门功课只考了 70 多分。这时小冬就想："这次都已经在众人面前夸下了海口，回去要怎么交代呢？"小家伙的心理压力很大。

这几天，小冬每天回到家都低着头。以前，他一进门会先和爸爸妈妈打招呼，这几天却不和任何人说话，一进门就进了书房。妈妈一开始也尝试着和小冬沟通，可是这孩子却什么都不说。妈妈只好和老师沟通了，老师告诉妈妈，小冬这次考试的成绩不理想，在学校里的精神状态也不是很好。妈妈听老师这么说，一下子恍然大悟。

回到家后，妈妈将整个事情为小冬分析了一下，并给小冬鼓气加油，告诉他成功就是由无数个失败累积起来的，还给小冬讲了关于自傲的故事。小冬听了妈妈的一番话，又变回了从前那个活跃的孩子，并纠正了自己的错误。

在父母眼里，孩子是这个世界给自己最好的礼物。父母将孩子捧在手心里，只要孩子有需求，都会努力满足他。但宠孩子要有度，孩子身上难免存在一些不好的习惯，父母要留心观察，及早发现，正确引导。

朵朵学习很自觉，从来都不用爸爸妈妈督促。可最近一段时间，老师开始频繁地喊爸爸妈妈去学校了，原因是朵朵这几天的字迹潦草，做作业也不认真，出的错很多，尤其是计算题，简直错得一塌糊涂。爸爸妈妈觉得要密切关注朵朵的学习了。

这天，朵朵放学回家一进屋，就去书房写作业了，妈妈悄悄跟着朵朵，发现朵朵拿出作业时先偷偷地往门外看了看，然后悄悄从抽屉里拿出一个小玩具，一边写作业一边玩着玩具。妈妈等到朵朵写完作业后，拿着朵朵的作业看了一下，发现里面有很多错题，字迹也很潦草，妈妈看了看朵朵，并没有说什么。

过了一会儿，妈妈对朵朵说：“朵朵，你认为你的作业做得怎么样？”朵朵摇了摇头。妈妈又说：“我在你作业里发现了很多错题，你要和妈妈说为什么会错这么多吗？”朵朵不好意思地低下了头，向妈妈承认了错误，并说下次再也不会在写作业的时候玩玩具了。妈妈说：“那么接下来你应该如何处理这些错题呢？”朵朵说：“我会认真检查并改正的。”

朵朵说完，就开始认真地检查了起来。从这天开始，朵朵的表现果然一天比一天好了，每次她都认真完成作业，作业本上很少有错题了，还得到了老师的夸奖。

总之，父母要时刻观察孩子的一举一动，一旦发现异常表现，要马上查找原因，及时帮孩子纠正错误。

不断学习，用科学的方法与孩子相处

发现孩子的长处，父母要及时表扬，让他变得更自信，促使他变得更优秀；当孩子犯错误时，父母也要及早查找原因，帮孩子分析利弊，引导他们改正。如果做不到这点，父母和孩子之间的关系会越来越疏远；如果做到了，父母和孩子之间的关系将会越来越亲密，进而建立起良好的亲子关系。

小龙的爸爸妈妈工作忙，经常出差，平时小龙总和奶奶在一起，奶奶的教育理念就是疼爱孩子，孩子要什么就给什么，孩子想干什么就干什么。爸爸妈妈即使回家和小龙在一起，他们也很少交流，爸爸妈妈都拿着手机，小龙则在一旁，要么写作业，要么打游戏。

这天是星期天，爸爸妈妈没事干，就带着小龙去游乐场玩。在那里，小龙交了几个好朋友，他们在一起玩。玩着玩着，小龙和其中的一个小朋友就动起手来。爸爸妈妈听到吵闹声赶忙过来，看到小龙把小朋友的脸都打肿了，爸爸不问青红皂白，上前就质问小龙为什么打人家。小龙说："是他先动手的。"爸爸说："人家怎么能动手？你看看你把人家的脸都打肿了。"这时，妈妈也开始埋怨起了小龙。

小龙觉得很委屈，明明是对方先动的手，爸爸妈妈却偏偏向着对方，自己还是他们的儿子吗？想到这里，小龙一转身，生气地跑回了家。

爸爸妈妈看到小龙跑了，紧跟在小龙的后面。回到家之后，小龙不理爸爸妈妈，也不想和他们说话。爸爸妈妈尝试着和小龙沟通，但小龙就是不理他们。爸爸妈妈觉得小龙太叛逆了，就这样，爸爸妈妈和小龙的关系越来越僵硬。

在和孩子相处的过程中，父母应该更新自己的观念，摒弃权威意识，尊重孩子的想法，要像对待朋友一样对待他们，真诚地面对他们，不然就得不到孩子的认可，无法拉近彼此的心灵距离，就更谈不上有效沟通了。

小刚上学没几天，妈妈就发现他的文具盒里多出了一把尺子，一开始妈妈以为小刚拿了其他同学的文具，就和小刚说："小刚，怎么回事？你文具盒里怎么多了一把尺子呢？是拿小朋友的吗？"小刚回答说："没有，这是我从地上捡的，我同桌跟我说了，地上的东西，谁捡起来就是谁的。"

“小刚，这么做是不对的，那是其他同学不小心掉在地上的，该还给人家。”小刚又说：“妈妈，可是我的铅笔掉在地上的时候，就有人捡起来不还给我，所以我就拿他们的。”妈妈听小刚这么说，就告诉他：“那你跟同学说，那是你的文具。如果他不还，你就请求老师帮忙，他会给你的。”

小刚听妈妈这么说，点了点头。小刚在学校里按照妈妈说的做了，果然，后来小刚的文具盒里再没有多出其他文具，也没有再少文具了。

父母在教育孩子的同时，也应该不断地学习，提升自己，运用科学的方法和孩子相处。慢慢地，你会发现，你已经是别人眼中优秀的父母了，因为你们良好的亲子关系让你们培养出了一个优秀的孩子。

不管多忙，要尽量抽出时间与孩子互动

不管有多忙，父母都应该尽量陪伴孩子，创造各种机会，与孩子互动，让孩子切切实实体会到父母的爱。比如，当孩子喜欢阅读时，你就带着他去书店挑选书籍；孩子喜欢某项运动，你就带着他经常训练；孩子喜欢下棋，你就利用闲暇时间陪着他下棋……亲子关系，需要的是陪伴，以及陪伴过程中的有效互动，这是让孩子感受到父母爱他的最直接的方式。

瞳瞳写作业总是磨蹭，有时要写到晚上11点，因此第二天经常在课堂上睡觉。妈妈知道之后，想要瞳瞳改掉这个坏习惯。妈妈和老师商量了之后，老师给出了建议：“这个习惯一下子改不了，需要慢慢改，每天给他减少10分钟的写作业时间，慢慢地，她的速度就会提升上来。不过，这需要你的认真监督和耐心教育。”妈妈答应了老师。

接下来的时间里，妈妈每天都给瞳瞳减少10分钟的写作业时间。一开始，瞳瞳有些反感，但后来她知道妈妈在时时刻刻监督自己，就自觉起来，慢慢形成了习惯，没过多长时间，她写作业的速度就提上来了。这完全要归功于妈妈的坚持，为了让瞳瞳改掉这个坏习惯，妈妈会先将其他事都放在一边，把瞳瞳的事放在第一位。

功夫不负有心人，瞳瞳写作业拖拉的坏习惯改掉了，为此，瞳瞳还很感激妈妈呢。

想培养出优秀的孩子，就要坚持和孩子互动。在孩子眼里，父母就是他的榜样，就是他行动的动力，他的成功离不开父母的带动，父母的参与无可取代。

小叶的学习成绩优异，这一切都离不开妈妈在背后的默默付出。每天，小叶写作业时，妈妈都会和她一起学习。小叶有不会的题，妈妈会通过查资料来和她讨论，直到她会了为止。小叶写完作业后，妈妈会带着她一起预习第二天要学习的新知识，因为妈妈始终都觉得，孩子懂得“温故而知新”才能把知识学得更加透彻。

平时，妈妈在小叶面前总是提问题，小叶跟妈妈说话的时候，妈妈也认真听。有妈妈做榜样，小叶在学校上课时也会认真听课，有不懂的问题，也会及时提问。

小叶常常跟妈妈说，自己写作文总是找不到灵感，妈妈知道后，每到星期天就带着小叶去图书馆看书。看完书之后，妈妈还会让小叶写读后感，这样一来，就很好地锻炼了小叶的表达能力。这是妈妈从一次班会上学来的。

慢慢地，小叶写作文的能力也提升了。小叶的每一次进步，都离不开妈妈在背后的默默付出。小叶很懂事，她攒了好多零花钱，要在今年的母亲节为妈妈用心挑选一件礼物，以感谢妈妈，她要用实际行动表达对妈妈的爱。

维系亲子关系的除了血缘，最重要的一点就是在长期相互陪伴与互动过程中建立起来的深厚情感。父母要尊重孩子、爱护孩子，要支持他、鼓励他，要给他理解，给他帮助，这个过程是培养优秀孩子的过程，也是建立和谐美满之家的必经之路。